Il colore dell'arcobaleno

Una leadership compassionevole

Swami Amritaswarupananda Puri

Mata Amritanandamayi Center, San Ramon
California, Stati Uniti

Il colore dell'arcobaleno
Una leadership compassionevole
di Swami Amritaswarupananda

Pubblicato da:
Mata Amritanandamayi Center
P.O. Box 613
San Ramon, CA 94583
Stati Uniti

————————————— *The Color of the Rainbow (Italian)* —————————————

Prima edizione a cura del MA Center: agosto 2016

In Italia: www.amma-italia.it

In India:
    inform@amritapuri.org
    www.amritapuri.org

DEDICA

Questo libro è dedicato a
Sua Santità Mata Amritanandamayi Devi.
La sua vita, ricca fonte di ispirazione,
incredibile saggezza
e incomparabile esempio,
è sempre stata la mia luce guida.
Questo libro è un suo dono al mondo,
io sono solo uno strumento.

Amma
Sri Mata Amritanandamayi

INDICE

PREFAZIONE

In quest'opera, Swami Amritaswarupananda evoca i trentaquattro anni trascorsi con Mata Amritanandamayi Devi (Amma) e condivide molte storie commoventi che mettono in luce il modo straordinario in cui Amma prende le decisioni, la sua visione del mondo, il suo pragmatismo nella scelta delle strategie e i considerevoli risultati ottenuti.

Apprendere i più efficaci principi di management e la loro attuazione è utile per tutte le persone che hanno sete di sapere, che si tratti di un accademico impegnato a studiare le teorie di gestione aziendale all'università o di un capofamiglia che vuole amministrare efficientemente l'economia della sua casa, di un impiegato che vorrebbe imparare a gestire un gruppo o dell'amministratore delegato di una multinazionale. Questo studio approfondito dell'antica saggezza che Amma incarna descrive in modo vivo le sue qualità: idee positive per la società, coraggio, entusiasmo, impegno costante, flessibilità, umiltà, compassione, disciplina, perdono, gratitudine, contentezza, equanimità e pazienza.

A poco a poco, questo libro ci rivela i modi concreti di utilizzare le risorse disponibili, l'atteggiamento giusto verso il lavoro, come portare a buon fine i progetti intrapresi e, soprattutto, l'importanza di avere un atteggiamento pieno d'amore, compassione e distacco in tutte le nostre azioni.

I valori si trovano là dove confluiscono la capacità di guidare e quella di ispirare. *Il colore dell'arcobaleno* mette in risalto tecniche straordinarie per aiutare i manager a sviluppare una lealtà e una dedizione sincera nei loro collaboratori, influendo positivamente sulla società.

PREMESSA

La visione divina di Sua Santità Mata Amritanandamayi Devi, o Amma, com'è affettuosamente chiamata in tutto il mondo, non potrebbe essere espressa meglio che attraverso gli scritti di Swami Amritaswarupananda.

Ho avuto il privilegio di conoscere da vicino Amma e Swamiji. Nel corso degli anni, gli insegnamenti di Amma sono stati per me fonte d'ispirazione e di forza morale. Grande è stata quindi la mia gioia nell'apprendere che Swami Amritaswarupananda aveva deciso di scrivere questo libro, che esprime eloquentemente l'essenza degli insegnamenti di Amma.

Sono convinto che queste lezioni di management saranno apprezzate non solo dai sostenitori di Amma ma anche da un pubblico più vasto, che le accoglierà con interesse e accorderà loro l'importanza che meritano.

L'incredibile impegno sociale di Amma e la sua opera umanitaria sono diventati leggendari. Con il suo desiderio di diffondere ovunque un messaggio divino di gioia e felicità, Amma ha trasformato l'esistenza di milioni di persone. La sua vita è un esempio che deve ispirarci.

Sebbene abbia frequentato la scuola solo per pochi anni, Amma è riuscita a creare con successo una sorprendente rete di attività umanitarie e caritatevoli che spaziano dall'educazione alla sanità, dall'assistenza sociale agli interventi di soccorso in seguito a calamità naturali.

Per dirigere tutte queste attività, sono necessarie tecniche di gestione di eccezionale qualità. Swamiji espone qui gli insegnamenti di Amma e quella sua inimitabile e istintiva saggezza nel management che ha trasformato le vite di milioni di persone.

Essere un manager significa molto di più che gestire il personale, migliorare i profitti di un'impresa, guidare un gruppo di professionisti a raggiungere gli obiettivi fissati o realizzare delle ambizioni personali. Sono personalmente convinto di questo da molto tempo.

La capacità di dirigere nasce essenzialmente dalla forza interiore, dall'essere profondamente radicati in se stessi anche quando ci si relaziona con gli altri. La conoscenza trasmessa da questo libro vi guiderà sicuramente verso le possibili fonti di questa forza interiore.

Il libro di Swamiji prende in considerazione sia gli aspetti pratici che quelli spirituali del management. È associando questi due elementi che il messaggio di Amma si è diffuso nel mondo. Questo testo permetterà al lettore di migliorare le proprie capacità manageriali e di esercitarle in modo efficace e benefico.

Mi congratulo con Swami Amritaswarupananda per la pubblicazione di questo libro sul management. Sono certo che esso arricchirà ulteriormente il già inestimabile patrimonio che Amma ci dona, una ricchezza che dà gioia e speranza agli esseri umani in ogni parte del mondo.

Shashi Tharoor
Membro del Parlamento
Ministero dello Sviluppo delle Risorse Umane
Ex-sottosegretario Generale delle Nazioni Unite

INTRODUZIONE

Prima di fare un'introduzione a questo libro, vi devo confessare che non ho una laurea in gestione aziendale. Non sono un manager professionista ma un monaco. Per essere più preciso, la mia vita e il mio lavoro si svolgono sotto l'egida di un leader molto speciale noto in tutto il mondo, un leader che gestisce la sua organizzazione internazionale secondo dei principi ben definiti, insegnati attraverso l'esempio.

Questa persona ha frequentato la scuola solo fino alla quarta elementare e non parla che il malayalam, la sua madrelingua. Il suo linguaggio è semplice e colloquiale. Ciò nonostante, lei comunica con persone di ogni estrazione sociale, educazione ed esperienza, di tutte le caste e religioni, in tutto il mondo. La sua conoscenza del mondo, delle persone che lo abitano e della mente umana è stupefacente. È capace di presentare gli argomenti più difficili con semplici esempi e storie.

Sono suo allievo da trentaquattro anni e sto ancora imparando da lei. Il suo nome è *Mata Amritanandamayi Devi*. In ogni parte del mondo, i suoi sostenitori e ammiratori la chiamano affettuosamente *Amma* ed è nota per il modo particolare in cui riceve chiunque vada a farle visita: abbracciandolo. Ha creato una vasta rete di attività caritatevoli: ospedali, scuole, università, centri di ricerca per una trasformazione della società, programmi di soccorso a seguito di calamità naturali, corsi di formazione professionale, progetti per l'ambiente, case gratuite per i poveri, orfanotrofi e molto altro ancora.

Questo libro è un tentativo di darvi un'idea del modo particolare in cui Amma gestisce una delle ONG più grandi del mondo.

Tutto il merito di questo libro va ad Amma, l'unica ispiratrice e guida di questo lavoro. Per me, esso è la realizzazione di un sogno coltivato da tempo. Ricordo ancora vivamente il momento in cui per la prima volta desiderai scrivere un libro di questo tipo. Le celebrazioni del cinquantesimo compleanno di Amma (*Amritavarsham50*) si erano appena concluse. Le parlai del mio desiderio e lei mi rispose: "Vai avanti!" E poi, di tanto in tanto, mi chiedeva: "Allora, le tue uova non si sono ancora schiuse?"

A dire il vero, "ho covato" l'idea per molti anni. In effetti, ho trascorso gli ultimi cinque anni preparandomi mentalmente a scrivere questo libro; leggevo testi e articoli, raccoglievo informazioni e, soprattutto, osservavo Amma nella sua veste di manager illuminato. In definitiva, sono state le sue eccellenti qualità di leader ad accelerare il processo e a mettere le ali ai miei pensieri.

Standole vicino e osservandola costantemente, si scopre una serie di talenti incomparabili: la calma e la compassione con le quali affronta tutte le situazioni e i problemi, la sua immensa pazienza e capacità di ascoltare ogni persona con empatia, la sua umiltà e imparzialità, il suo modo informale di socializzare e comunicare con le persone, l'amore e la sollecitudine nei confronti di tutti, la sua inesauribile energia. I dirigenti e i governanti possono imparare molto da lei.

Sebbene le antiche scritture indiane parlino diffusamente dei sistemi di amministrazione e di gestione, il Taylorismo, od "organizzazione scientifica del lavoro", come esposto da Frederick Taylor, è stato il primo orientamento manageriale moderno mai documentato.

Tale approccio metteva l'accento sullo studio e sulla quantificazione del lavoro eseguito, e sulla valutazione del metodo utilizzato e della produttività che ne risultava, senza una grande considerazione per il lavoratore.

In seguito, in America si sviluppò un altro movimento quando Peter Drucker si affermò come guru del management. Contrariamente a Taylor, Drucker riteneva che le imprese non avessero solo la responsabilità di conseguire un profitto, ma anche quella di prendersi cura dei dipendenti. Egli sottolineò, e credette fermamente, che i lavoratori dovevano essere trattati come esseri umani che contribuivano allo sviluppo dell'azienda, e non come macchine.

L'approccio di Drucker fu successivamente influenzato dallo stile manageriale giapponese che valorizzava la qualità totale (TQM, Total Quality Management) o ancora l'assenza di difetti (Zero-Defect).

Nel corso degli anni, i modelli di gestione hanno continuato a cambiare, adattandosi alle circostanze politiche, sociali ed economiche. Per anni, il modello corrente è stato il POLC (Planning, Organizing, Leading and Controlling: Pianificare, Organizzare, Dirigere e Controllare). Tuttavia, nell'ultimo decennio, grazie al miglioramento delle tecnologie di comunicazione e ai notevoli e continui cambiamenti verificatisi su vasta scala nel mondo degli affari, il modello ROAR (Reacting, Organizing, Awakening, and Re-visiting: Reagire, Organizzare, Risvegliare e Rivisitare) ha sostituito il POLC.

Oggi si utilizza il termine moderno di *gestione sostenibile*, un concetto che mette a confronto i problemi dei nostri tempi con le strategie aziendali.

Inoltre le aziende stanno seriamente considerando la possibilità di introdurre processi decisionali più democratici. In tal modo, i dipendenti avrebbero maggiore libertà nella scelta dei propri capigruppo, dei colleghi con cui lavorare a più stretto contatto e nell'organizzazione del lavoro.

In un ambiente amichevole e aperto, i dipendenti diventano più responsabili. Alcune imprese hanno abbandonato la struttura gerarchica tradizionale, costatando che questo stile manageriale basato su sani principi offre risultati migliori. In futuro, una tale gestione potrebbe diventare la norma.

Si offrono corsi sulla spiritualità e seminari sullo yoga e la meditazione, nella speranza di creare un ambiente disteso e senza tensioni tra i dipendenti. Viene apprezzata la creatività e si organizzano sessioni di brainstorming su nuovi progetti e idee, invitando tutti gli azionisti a partecipare.

Nell'attuale scenario mondiale, non sarebbe sbagliato affermare che la maggior parte delle aziende ha il proprio stile di gestione e di amministrazione, che consiste per lo più in un insieme di idee accumulate a tutti i livelli della struttura organizzativa nel corso di molti anni. Considerando la sempre maggiore quantità di punti di vista, commenti e interpretazioni su come gestire e amministrare, ogni singola impresa sviluppa le proprie priorità, preferenze e tendenze.

Il management riveste un ruolo fondamentale in tutti gli aspetti della vita, non solo nel mondo degli affari e delle imprese. Ovunque ci si sforzi di raggiungere insieme uno scopo comune, sono presenti, in forma più o meno chiara, dei principi di gestione. Amma osserva: "Che si tratti di cinque persone che vivono sotto lo stesso tetto o di cinquecento persone che lavorano in un'azienda, management, in fondo, significa gestire le menti, siano esse cinque o cinquecento. Il punto cruciale è: se non impariamo a gestire noi stessi, la nostra mente, i nostri pensieri ed emozioni, come potremo gestire con efficacia gli altri? Questa è la prima e più importante lezione: imparare a gestire se stessi".

In Amma possiamo vedere senza ombra di dubbio i migliori concetti moderni di gestione: una visione che apporta reale beneficio alla società, audacia, motivazione, duro lavoro, flessibilità, umiltà, compassione, disciplina, perdono, gratitudine, contentezza, lealtà, pazienza, etc. Osservando Amma restare seduta per ore ad abbracciare ininterrottamente le persone, giornalisti di tutto il mondo le chiedono il segreto della sua inesauribile energia. Amma risponde: "Non sono come una batteria che si esaurisce dopo un po' di tempo, sono eternamente collegata alla fonte di energia".

Studiando approfonditamente questo leader dalle tante sfaccettature, scopriremo un modo molto pragmatico di utilizzare le risorse disponibili, il giusto atteggiamento verso il lavoro, come mantenere il nostro coinvolgimento e il senso di responsabilità nei confronti dei progetti intrapresi e, soprattutto, l'importanza di avere un atteggiamento distaccato, compassionevole e amorevole in tutto quello che facciamo.

C'è una storia molto famosa che parla del grande saggio Veda Vyasa, che scrisse i diciotto *Purana*, il *Mahabharata*, i *Brahmasutra* e codificò i *Veda*. Vyasa era un'anima saggia e illuminata e aveva previsto l'avvenire dell'umanità, intuendo che negli anni futuri l'umanità sarebbe sprofondata nella profonda palude del degrado spirituale, etico e morale. Da magnanimo benefattore del mondo qual era, volle fare qualcosa per aiutare i suoi sfortunati discendenti. Mosso da pura compassione, codificò i *Veda* e li divise in quattro parti e compose il *Mahabharata*, un'opera immensa di oltre 100.000 strofe con più di 200.000 distici; un testo che contiene circa un milione e ottocentomila parole, lungo quasi dieci volte l'Iliade e l'Odissea messe insieme. Gli studi e l'enorme lavoro di ricerca che Vyasa intraprese equivalgono al conseguimento di almeno cento dottorati ed egli rivelò una conoscenza approfondita dei numerosissimi argomenti affrontati.

Vyasa credeva sinceramente che le sue opere avrebbero aiutato le generazioni future a elevarsi spiritualmente e moralmente, ciò nonostante continuava a vedere che l'umanità sarebbe rimasta avvolta nell'oscurità. Così, malgrado tutte le sue opere eccezionali, questo saggio straordinariamente brillante provava una profonda tristezza, che non era altro che il riflesso dei tormenti ai quali l'umanità futura sarebbe andata incontro. In cerca di una soluzione, Vyasa si rivolse a un'altra figura spirituale, il saggio

Narada, per chiedergli un consiglio. Narada spiegò a Vyasa che il suo scontento era principalmente dovuto all'assenza di vero amore nelle sue opere. Pur essendo un'anima realizzata dalle conoscenze ineguagliabili, egli non aveva infuso nei suoi capolavori degli aspetti dell'amore divino. Secondo Narada, più della conoscenza, le generazioni future avevano bisogno dell'esperienza dell'amore vero, che rivela l'unicità del Principio divino. Ispirato dal consiglio di Narada, Vyasa scrisse la grande epica *Bhagavata Purana* che descrive la vita di Sri Krishna, gli scherzi innocenti della sua infanzia e soprattutto l'amore incondizionato che le *gopi*, le pastorelle di Vrindavan, nutrivano per lui.

Questa storia è ricca di significati e di messaggi profondi. Primo: la nostra vita e tutto quello che siamo riusciti ad acquisire non valgono nulla se non nutriamo verso tutta la creazione un amore profondo e pieno di rispetto. Secondo: anche se possiamo contare su un lungo elenco di successi, nessuno di essi costituisce il punto culminante della nostra vita. Il culmine dell'esistenza è l'amore. Terzo: risvegliare l'amore latente in noi e capire che esso è la nostra vera natura ci permette di accedere allo stato di compassione pura. Un cuore pieno d'amore si esprime con parole e azioni compassionevoli che arrecano beneficio, se non a tutti, almeno alla maggior parte delle persone che ci circondano. Quarto: lo stesso Vyasa incarnava ogni virtù divina e possedeva infinita saggezza, eppure fu abbastanza umile da chiedere il consiglio e la benedizione di un altro grande saggio, Narada.

Osserviamo ora queste idee dal punto di vista degli affari. Quando ricopriamo un incarico importante, abbiamo potere e occupiamo una certa posizione, dobbiamo mostrare maturità e comprensione nelle parole e nei fatti. Se queste qualità non fanno parte della nostra natura, dovremmo cercare di svilupparle, altrimenti il nostro atteggiamento sarà controproducente e comprometterà la nostra carriera. Un atteggiamento di rispetto è dunque essenziale.

La vita è un flusso che scorre costantemente. Se non andiamo avanti, ben presto cominceremo a retrocedere. È come se ci trovassimo in mezzo a una grande folla che corre. Per evitare di essere schiacciati, non possiamo far altro che correre con gli altri. Corriamo dunque assieme, ma a un certo punto allontaniamoci per librarci verso l'alto.

Che divertimento può esserci nella ripetizione? Il divertimento sta nel salire, nell'elevarsi verso le vette dell'amore e non nel continuare a cadere. Quando ci eleviamo nell'amore, acquisiamo maggiore maturità e comprensione, iniziamo a vedere ogni cosa da un livello di consapevolezza superiore. Il sole della compassione e della considerazione sorge in noi e veniamo condotti verso uno stato di umiltà che permette a un flusso costante di energia pura di scorrere in noi e in tutte le nostre azioni. Quando ci inchiniamo all'universo, questa energia fluisce in noi.

I tre principali fattori che determinano il successo sono l'immaginazione, la creatività e la capacità d'innovare ed essi compaiono solo quando amiamo la vita e abbiamo dedizione per il lavoro.

Per chi vive solo sul piano fisico, l'amore si riduce al desiderio sessuale. Per quelli che riescono a penetrare sotto la superficie, a livello mentale, l'amore è immaginazione e creatività. Per loro, l'amore è un sentimento. I grandi ballerini, musicisti, pittori e poeti entrano in uno stato di trance, si identificano temporaneamente con ciò che stanno creando. Ralph Waldo Emerson aveva ragione quando scriveva: "Un pittore mi ha spiegato che nessuno potrebbe dipingere un albero senza diventare in qualche modo un albero, né ritrarre un bambino studiando semplicemente i contorni della sua forma... Se però osserva per un po' di tempo i movimenti e i giochi del bambino, il pittore entra nella sua natura e può ritrarlo nei suoi diversi atteggiamenti…"

Questa forma d'amore è un sentimento profondo che dura per qualche tempo ed è certamente raro e prezioso. Esiste però una terza categoria di persone che hanno realizzato: "Io sono amore". Per loro l'amore è un'esperienza costante. In tale amore, la nozione "io" e "tu" scompare e la parola amore non è più imprigionata tra i due. C'è solo amore.

Gli antichi veggenti indiani, Aristotele, Platone, Omero, con l'Iliade e l'Odissea, hanno offerto all'umanità un'opera immensa e un enorme contributo, dando così l'esempio di altezze inimmaginabili e dei traguardi che un uomo può raggiungere in una vita! Questo è stato possibile perché essi avevano scoperto dentro di sé la fonte di energia pura che si chiama amore universale (*agape* in greco antico). Questa fonte di amore incondizionato è il segreto dell'inesauribile energia di Amma e del suo successo.

Vijay Bhatkar, scienziato che ha sviluppato i supercomputer in India, ha dichiarato: "È stata Amma a ispirarmi a prendere l'iniziativa di costruire dei supercomputer. Amma non insiste soltanto sull'importanza del quoziente intellettivo (QI) ma anche di quello emotivo (QE) e spirituale (QS). In tal modo crea un equilibrio tra l'educazione scientifica, culturale e spirituale. Amma ha riportato in vita il linguaggio dell'amore e della compassione, un linguaggio universale ed eterno, comprensibile a tutti gli esseri umani di tutti i tempi. Espressi da Amma, l'amore e la compassione assumono dimensioni sovrumane, mai viste prima. È normale che genitori e figli, amici intimi o amanti si abbraccino, ma l'abbraccio di Amma è universale, trascende nazionalità, razza, lingua, religione, età o posizione sociale.

Alcuni anni fa, il famoso linguista del MIT (Istituto di Tecnologia del Massachusetts) Noam Chomsky ha scoperto che nel cervello esiste un centro di elaborazione del linguaggio che facilita l'elaborazione e l'apprendimento delle lingue. Questo centro è in grado di capire solo il metalinguaggio, un linguaggio che trascende ogni lingua. In modo analogo, Amma ha estratto il denominatore comune di tutte le tradizioni linguistiche, il linguaggio dell'amore e della compassione. Grazie a questo linguaggio universale, Amma è in grado di comunicare con chiunque, qualunque sia la sua origine. Sebbene parli solo malayalam, Amma riesce a comunicare con tutti i suoi figli. Anche noi siamo in grado di comunicare con lei, a volte attraverso il silenzio. E questo è un altro dei contributi unici di Amma al mondo".

Nel 1998, quando fu inaugurato l'AIMS (Amrita Institute of Medical Sciences and Research Center), l'ospedale multispecialistico d'avanguardia fondato da Amma, l'allora Primo Ministro indiano, Sri Atal Bihari Vajpayee, dichiarò: "Oggi il mondo ha bisogno di esempi che provino che i nostri valori umani sono utili, che qualità come la compassione, l'altruismo, la rinuncia e l'umiltà hanno il potere di creare una società grande e prospera. L'opera di Amma ci fornisce la prova di cui abbiamo tanto bisogno".

Ricordo una storia che mi è stata raccontata da uno dei devoti di Amma al quale era stato chiesto di filmare per qualche giorno delle persone indigenti nella loro vecchia abitazione, prima che si trasferissero nella nuova casa che Amma aveva fatto costruire per loro. "C'era una donna di cui non conosco bene la storia, un'anziana vedova con i lobi delle orecchie allungati da pesanti gioielli che non aveva più da tempo, molto probabilmente venduti per sopravvivere.

Prima di salire in macchina, mi voltai e mi fermai stupito. Seguendo l'antica tradizione indiana, mentre scendeva la sera, questa anziana donna accendeva una lampada vicino alla porta di casa. Lo faceva muovendosi a tentoni perché era cieca: una donna cieca che accendeva una lampada per chi poteva vedere".

"Io sono l'Amore, sono lo splendore di Dio in forma umana": questa conoscenza sarà per noi una fonte inesauribile di energia. Tutti i nostri cosiddetti successi saranno in realtà soltanto degli insuccessi, se non riusciremo a dare un buon esempio alle generazioni future. Il nostro nome verrà iscritto negli annali della storia, ma nessuno ammirerà né rispetterà i nostri pensieri e le nostre azioni. Perciò, oltre ad acquisire conoscenza, salute fisica e ricchezze esteriori, tutti i leader dovrebbero anche aspirare alla conoscenza, alla salute e alla ricchezza interiori. Perché lo sviluppo e il successo siano reali e restino iscritti nella memoria dell'umanità, è necessario equilibrare questi tre fattori. Spero sinceramente che i miei sforzi per ritracciare e condividere attraverso questo libro la vita e l'opera così illuminante di Amma siano di beneficio al lettore e lo spingano a imitare il suo esempio, almeno in una certa misura.

Desidero esprimere la mia più profonda gratitudine e i miei più sinceri ringraziamenti a Sneha (Karen Moawad) per il suo grande contributo nella revisione di questo libro, a Swami Paramatmananda per l'impaginazione del testo e ad Aloke Pillai (Toronto), un giovane artista di talento che ha meravigliosamente disegnato la copertina.

Swami Amritaswarupananda
Mata Amritanandamayi Math
Amritapuri - Kerala, India

CAPITOLO 1

Il management nell'abbraccio dei valori eterni

Nel mondo di oggi, quando si sentono le parole "management o leadership", le si associa subito alla gestione di un'azienda o alla politica. In effetti, management significa amministrare risorse, finanze, priorità e tempi. Nel campo degli affari, tutto si riduce al profitto, a ciò che può far crescere il conto in banca.

Si pensa generalmente che il management e la capacità di dirigere riguardino solo determinati aspetti della vita, in realtà essi sono parte integrante della nostra quotidianità. I principi di management svolgono inevitabilmente un ruolo, che si tratti di gestire un negozietto di tè in una stradina di un villaggio, un hotel a cinque stelle, una capanna col tetto di foglie di cocco o una lussuosa villa. Viviamo in un'epoca in cui le famiglie sono di tipo nucleare, gli amici condividono un appartamento e tante persone vivono da sole; in tutti i casi, sia la leadership che il management rivestono un ruolo di vitale importanza. Dirigere e amministrare sono compiti che si svolgono in un'azienda così come tra le mura domestiche.

La tecnologia ha cambiato il nostro modo di vivere e sta creando grandi divari generazionali. Molte abitazioni sono state trasformate in uffici dalla tecnologia. Soprattutto tra i giovani, vengono messe in rilievo le competenze che hanno a che vedere con la tecnologia e con un approccio analitico.

Forse i genitori hanno l'autorità di prendere decisioni in ufficio, ma a casa sono i figli a decidere perché sono più bravi a gestire le informazioni digitali. Non sono solo bravi a raccogliere informazioni, ma eccellono anche nell'aggiornare i sistemi e i contenuti. Quando i genitori cercano di mettersi al passo con loro, nasce il conflitto.

I nostri mercati sono invasi dai prodotti: ogni sei mesi o ogni anno esce un nuovo modello di cellulare, notebook, iPad, tablet, auto, moto e quant'altro. In verità, tutto questo è una fonte di stress perché le persone "hanno bisogno" di questi nuovi gadget per essere felici. Dire che hanno perso il controllo dei loro desideri non significa essere pessimisti.

Siamo tutti consapevoli del nostro rapporto squilibrato con i desideri, ma non vogliamo modificare i vecchi schemi e le abitudini profondamente radicate in noi. Eppure, semplici aggiustamenti nella nostra vita e nel nostro modo di vedere le cose potrebbero produrre prodigiosi cambiamenti. Dobbiamo solo averne la volontà.

È come l'antico concetto di *"maya"* (illusione). Il significato di "maya" è che tutto quello che esiste nel mondo non è né reale né irreale. Maya esiste dentro e fuori di noi. Interiormente essa assume la forma dei pensieri ed esteriormente quella degli oggetti. Noi siamo costantemente in balìa delle onde infinite create da questi due mondi, il mondo interiore e quello esteriore.

Gli oggetti sono in continua trasformazione: la gente rincorre nuovi modelli e getta quelli divenuti ormai obsoleti. Davanti a infinite possibilità di scelta, le persone entrano in confusione e questi desideri conflittuali incidono sui rapporti famigliari e professionali. Analizziamo più da vicino la definizione di maya e l'attuale condizione dell'umanità, osserviamo il comportamento delle persone che ci circondano. Facili vittime del fascino della tecnologia, non siamo forse intrappolati in un mondo illusorio?

Dovunque, persino nei villaggi, le persone sono ora più attente alla propria salute, le vediamo passeggiare o fare jogging la mattina presto. Nelle città, oltre il 60% degli abitanti sono iscritti a una palestra, tuttavia si registrano molti più casi di disturbi mentali, ipertensione, diabete precoce, malattie cardiovascolari, etc. Perché? Logico: c'è meno tempo per il riposo! Si passa più tempo a rimuginare, ad angosciarsi, a desiderare degli oggetti e a volere quello che hanno gli altri. Un segno di buona salute mentale è l'assenza di pensieri molesti e di emozioni che potrebbero turbare il nostro equilibrio interiore.

Nella vita, sia le regole stabilite dall'uomo che gli eterni misteri dell'universo, la legge che governa l'ignoto, hanno la stessa importanza. Influenzati dalle abitudini e dagli schemi comportamentali, dimentichiamo di preservare questa visione equilibrata. Poco importa se siamo poveri, ricchi, istruiti o analfabeti, amministratori delegati (CEO) di una multinazionale, proprietari di una piccola impresa o agricoltori: conoscere e tenere presente questi due aspetti in tutto ciò che facciamo è di vitale importanza.

La vita è il gioco più grande. La capacità di mantenere un equilibrio perfetto tra le leggi umane e la legge del *dharma* determina il successo, la felicità e la pace nella nostra vita. Guardando con l'occhio del discernimento, vincere il gioco non è l'obiettivo finale, la vera vittoria sta nel vincere con nobiltà.

Dare troppa importanza all'uno o all'altro mondo è pericoloso, meglio seguire la via di mezzo, non propendere per l'una o per l'altra parte. Se rimaniamo al centro, avremo una chiara visione della situazione, mentre le inclinazioni generano solo una visione parziale.

In tal senso, il pensiero spirituale, l'introspezione, la meditazione e un atteggiamento gentile e compassionevole possono aprirci un mondo completamente nuovo. Permettetemi di suggerirvi una formula:

1) Praticare l'introspezione ogni giorno; 2) Individuare le proprie debolezze e i propri limiti; 3) Superarli; 4) Sostituire i pensieri negativi con quelli positivi. La nostra visione cambia solo quando prendiamo coscienza delle nostre debolezze e andiamo oltre.

I governi e le multinazionali sono riusciti a migliorare il livello di comfort e lo standard di vita generale, o almeno questa è l'impressione creata. Se è così, perché allora ci sono così tanta insoddisfazione e sofferenza? Perché i disturbi bipolari stanno vertiginosamente aumentando? Perché il numero di suicidi nel mondo è cresciuto? Perché i conflitti, la violenza, la guerra, l'odio e l'egoismo si stanno estendendo? Sembra che abbiamo provato tutti i poteri possibili (economico, militare, intellettuale, scientifico e tecnologico) con risultati positivi limitati o inesistenti.

Nella nostra società, il progresso scientifico e tecnologico si accompagna a una disintegrazione psichica. Assieme a questi progressi, dovrebbe progredire anche la mente, altrimenti la scienza e la tecnologia diventeranno catene che ci causeranno solo sofferenza.

I genitori, gli insegnanti e tutti quelli che sono in grado di influenzare menti facilmente suggestionabili dovrebbero possedere la maturità e la comprensione necessarie per correggere la visione dei loro figli. Siamo tutti pienamente consapevoli che i nostri figli avranno in futuro delle responsabilità: diventeranno mariti, mogli, nonni, manager, professionisti, politici, etc. Così come li incoraggiamo a studiare, insegniamo loro a gestire i desideri, la mente, le azioni e le reazioni, educhiamoli a non lasciare che i desideri si trasformino in avidità. Diciamo loro che l'avidità e un odio profondo diventeranno una grave minaccia per la propria pace interiore e la felicità, insegniamo loro il valore dell'onestà, della lealtà, della compassione, dell'amore, della solidarietà e della condivisione. Ma, soprattutto, i genitori dovrebbero essere consapevoli che la disciplina non è sufficiente. È importante che i bambini vedano i genitori mettere in pratica questi insegnamenti nella loro vita quotidiana, anche se in modo imperfetto.

Tuttavia, il messaggio che i giovani recepiscono osservando gli adulti è completamente diverso: approfittarsi degli altri porta al successo. Essi assimilano l'idea sbagliata che il fine giustifica i mezzi e che siamo liberi di imbrogliare, essere disonesti e mentire. Attraverso il loro esempio, gli adulti insegnano ai figli a cancellare le proprie tracce e a prendere tutte le precauzioni per non farsi scoprire. I bambini ne deducono quindi che più sono furbi, più riusciranno nella vita. La società ci insegna anche che essere pieni d'amore e di compassione è un segno di debolezza.

Al giorno d'oggi, soprattutto i più giovani pensano che i principi spirituali o i valori eterni siano superflui. Se però osserviamo con attenzione la vita di ogni giorno, vediamo che tutti noi applichiamo questi valori nei nostri rapporti interpersonali e nelle diverse situazioni, senza pensare che essi rientrino nella spiritualità. Per esempio, siete spirituali quando ascoltate con attenzione i problemi di una persona. Quando siete empatici con qualcuno, state praticando la spiritualità. Mostrando compassione verso un mendicante o una persona bisognosa, siete spirituali. Quando vi preoccupate del benessere dei vostri dipendenti state praticando la spiritualità e così pure quando il vostro cuore soffre guardando un orfano. Ma chiamiamo tutto questo spiritualità? No, affermiamo che agire così è normale, giusto? La spiritualità ci insegna proprio a essere delle persone ordinarie, a vivere come normali esseri umani.

Sfortunatamente, quando oggi uno studente si laurea in un'università come Harvard, Princeton, Yale, MIT o in atenei indiani come gli IIT o gli IIM, crede che *kama* (possedere un'auto costosa, una grande casa, l'ultimo modello di smartphone, l'home theatre, etc.) sia lo scopo della vita. Per realizzare tutti questi desideri, occorrono denaro e successo. Le persone fanno soldi, hanno successo e giustificano i mezzi utilizzati dicendo che rientrano tutti nel *dharma*, il giusto modo di agire. Ad esempio, c'è chi prende una bustarella e dice che il suo è un atto *dharmico* perché il suo salario è basso e tutti sono corrotti.

Come risultato, la vera libertà, la libertà dalla tensione, dallo stress e da tutti i pensieri negativi e distruttivi, è inesistente, mentre la relazione causa/effetto tra desideri, denaro, correttezza e libertà, viene completamente ribaltata.

In molte città del mondo si dice che per occupare una buona posizione nella società e vivere nell'agio sono necessarie cinque cose: contanti, auto, carta di credito, casa ed essere soci di un club. Ci dimentichiamo però sempre del sesto indiscutibile fattore: il cimitero. Che riusciamo o meno a possedere i cinque beni che ho appena menzionato, sicuramente e inevitabilmente il cimitero ci accoglierà, indipendentemente dalla nostra nazionalità, potere o posizione sociale. Non riceveremo comunicazioni o preavvisi: la morte ci afferrerà e ci porterà via tutto ciò che credevamo ci appartenesse.

Forse penserete che in questo contesto il discorso sulla morte e sul cimitero non sia pertinente, ma io non sono d'accordo. Che si creda o meno nella reincarnazione, la morte è un evento molto significativo, uno degli eventi più importanti della nostra esistenza. Siamo così occupati a gestire la nostra vita, i nostri affari e tutto quello da cui possiamo trarre profitto, che spesso ci dimentichiamo della morte, la totale sconfitta dell'ego, che può arrivare in ogni istante, nulla può impedirla. È quindi importante pensare alla morte perché questo pensiero ci rende umili. E l'umiltà è una qualità essenziale per chi desidera vincere e avere successo.

Viviamo in un mondo dominato dall'elettronica: e-learning, e-reading, e-governance, e-commerce, e-business, e-library, e-seva-center, e-banking, etc. L'elenco è infinito. Tenete pure tutte queste E perché sono utili per la società, ma evitate assolutamente una E molto pericolosa, la E dell'ego. Se non riuscite proprio a eliminarlo, tenetelo a freno. Non permettetegli di entrare e di interferire senza permesso. Se pensate che sia necessario, lasciatelo entrare e, dopo che vi ha aiutati a ottenere quello che volevate, mostrategli la porta.

Come comuni esseri umani che vivono in un mondo dominato dallo stress e da una competizione spietata, non è facile raggiungere gli obiettivi che ci siamo fissati. Fermatevi a riflettere con attenzione su quali siano i vostri obiettivi attuali. Sono diventati la vostra priorità nella vita? Di cosa abbiamo veramente bisogno per vivere? Assieme alla notorietà, al potere, allo status sociale e alla ricchezza, la felicità e l'amore non sono forse indispensabili nella vita?

Il successo, ritenuto uno scopo importante nella vita di tutti, si riduce sostanzialmente all'essere felici. Molti rincorrono il denaro per comprare la felicità. Periodicamente e con regolarità potreste chiedervi:

1) Il mio grado di gioia sta crescendo o diminuendo?

2) Provo amore e sono capace di esprimerlo con sincerità?

Se la risposta a queste domande è "sì", allora la vostra vita si sta dirigendo verso il successo. Se la risposta è "no", state semplicemente guadagnando del denaro. Un vero leader non può considerare il guadagno come il solo indice di riuscita, trascurando di prendere in considerazione l'amore e la felicità, perché questi due aspetti sono imprescindibili. In definitiva, un buon leader dovrebbe contribuire a rendere felici gli altri. Un leader infelice, che non ha amore, può solo far soffrire gli altri.

"La felicità non è qualcosa che accade, non è frutto della fortuna o del caso, non si acquista né si ordina. Non è determinata da eventi esterni, ma piuttosto dal modo in cui li interpretiamo. In realtà, la felicità dev'essere generata, coltivata e difesa da ognuno nel proprio intimo", spiega lo psicologo ungherese Mihaly

Csikszentmihalyi, noto per i suoi studi sulla felicità e la creatività e conosciuto soprattutto per aver introdotto la nozione di "flusso", uno stato di elevata concentrazione e assoluta focalizzazione in attività come l'arte, il gioco e il lavoro.

Potremmo desiderare di ampliare la nostra attività, aprire filiali in tutto il mondo e realizzare profitti ma, nel contempo, dovremmo sintonizzare la nostra mente per attingere alle leggi eterne dell'universo. Tale azione è indispensabile per produrre un cambiamento positivo nell'atteggiamento degli esseri umani. Grazie a questo cambiamento, il livello di felicità e di pace aumenterà, per noi e per le generazioni future.

Tutto il progresso materiale e il profitto che generiamo, in definitiva, non hanno alcun senso se il mondo diventa un luogo in cui è impossibile per due persone vivere in un'atmosfera felice e amorevole. Osservate un litigio di una coppia che vive sotto lo stesso tetto. Com'è possibile che l'umanità conduca una vita così superficiale?

Abbiamo avuto brillanti guru del management, geni della scienza, grandi pensatori, scrittori e maghi della politica, ma se non abbiamo la capacità e la volontà di gestire il nostro mondo interiore, la nostra mente e le nostre emozioni, tutte queste figure non ci sono molto utili. Come trarne vantaggio se non riusciamo a trovare un equilibrio tra la mente e il cuore, tra il desiderio di accumulare ricchezze e quello di essere felici?

È chiaro che abbiamo bisogno di modelli, di esempi da seguire per dare avvio a un cambiamento di valori nel mondo. Non possiamo fare molto per la generazione precedente. La generazione attuale è intelligente e brillante, ma ha già assimilato degli schemi di comportamento; tuttavia un autentico ispiratore può influire positivamente su questa generazione. Le decisioni e le visioni sono già state definite, ma la nuova generazione ha in sé un potenziale immenso. Una figura davvero ispiratrice può influenzare positivamente la generazione attuale e produrre una vera trasformazione nella generazione in crescita.

Mata Amritanandamayi Devi, o Amma, come viene affettuosamente chiamata in tutto il mondo, è una guida spirituale e umanitaria di straordinaria compassione. Questo libro espone il suo approccio al management, basato su una saggezza molto antica. Descrive la visione che Amma ha della vita, a partire da un livello differente di coscienza, e come gestisce le situazioni e le risorse, come prende le sue decisioni e ispira con il suo esempio altre persone.

Dal 1993, Amma è sempre più riconosciuta dalla comunità internazionale come una preziosa fonte di saggezza spirituale e pratica, capace di guidare il mondo verso un futuro migliore e più luminoso.

Abbiamo un gran bisogno di maestri che ci insegnino attraverso il loro esempio, di persone che siano per natura manager, scienziati, artisti e politici onesti. La luce che queste persone diffondono risponde indubbiamente a un bisogno del nostro tempo.

Sebbene abbia frequentato la scuola solo fino alla quarta elementare, Amma è la fondatrice, l'ispiratrice e la catalizzatrice di una vasta rete internazionale di opere umanitarie che comprendono strutture sanitarie e istituti d'istruzione.

Amma ha un modo speciale di accogliere le persone. Durante quello che viene chiamato *darshan*, prende ogni persona tra le sue braccia, permettendo a ognuno di sperimentare il potere trasformativo dell'amore, la gioia del dare, il dono della sollecitudine e della compassione.

Il suo darshan è l'abbraccio amorevole di una madre. Amma era ancora adolescente quando, nel suo villaggio, cominciò a confortare in questo modo le persone sole e sofferenti. Amma è disponibile per chiunque desideri ricevere il suo caldo abbraccio, nessuno viene respinto. Ora dopo ora, giorno dopo giorno, anno dopo anno, da più di quarant'anni abbraccia tutti quelli che giungono a lei. Uomini o donne, ammalati o sani, ricchi o poveri, giovani o vecchi, qualunque sia la loro religione, fede o casta, tutti la considerano la loro Madre. Amma oggi viaggia attraverso l'India e in tutti i continenti. Ovunque vada, offre il suo darshan a chi lo desidera.

In India, è arrivata ad abbracciare oltre diecimila persone in un giorno, restando seduta ininterrottamente per più di venticinque ore. Negli ultimi quarant'anni ha abbracciato oltre trentatré milioni di persone! Ogni darshan è un'esperienza nuova, perché Amma è sempre fresca, sempre spontanea. Amma ci ascolta, ci abbraccia e ci sussurra all'orecchio una o due parole, sa esattamente di cosa abbiamo bisogno in quel momento.

Attardandosi con una persona, rivolgendo uno sguardo a un'altra, induce una trasformazione, migliaia di testimonianze ne sono la prova.

Amma dice: "La mia religione è l'amore". I giornalisti le chiedono: "Perché abbraccia le persone?" Con pazienza, lei risponde: "È come chiedere a un fiume perché scorre. Non posso fare altrimenti". Alla domanda: "Lei sta seduta e abbraccia le persone per ore e ore, chi la prenderà tra le sue braccia?", risponde: "L'intero creato mi abbraccia; siamo stretti in un eterno abbraccio". Vedendo la moltitudine di persone che va a ricevere questo abbraccio emblematico, i giornalisti a volte chiedono ad Amma: "Tutte queste persone la venerano?", "No, sono io che le venero", replica lei.

Amma afferma che "l'amore vero trascende le barriere, trasforma ed è universale". Questi principi sono molto semplici; tradotti in azione, costituiscono le fondamenta della vita di Amma, ma il loro impatto è profondo. La sua vita testimonia la veridicità della frase: "L'amore vince su tutto". Amma ha trasformato il cuore di milioni di persone su tutta la terra. La sua vita è la storia del successo supremo, la prova vivente che è possibile trascendere tutte le barriere e gli ostacoli fra i sessi, le religioni, le lingue, le caste, le classi sociali e i livelli d'istruzione per portare equilibrio e armonia in tutta l'umanità.

"Oggigiorno, i valori dell'amore, della compassione, della sollecitudine, dell'onestà, della rettitudine, dell'umiltà e del perdono sono quasi diventati lettera morta", dice Amma. "Fortunatamente, questi valori sono solo "dimenticati" e non "perduti". Come uno specchio impolverato, sono presenti, anche se nascosti, dentro di noi.

Dobbiamo solo togliere questa polvere per riscoprire lo specchio della compassione, la nostra vera natura. In effetti, nella nostra infanzia impariamo dai nostri genitori molte lezioni su questi valori. Quasi in ogni casa sentiamo i genitori dire ai loro bambini: 'Figlio, non dire bugie, dì sempre la verità. Sii leale con tuo fratello o tua sorella. Non prendere quell'iPad, è di tuo fratello o di tua sorella. Sii onesto...'"

Le idee, i punti di vista e le speciali qualità di un dirigente descritte in questo libro potrebbero forse non essere apprezzate da un'azienda imperniata sul profitto. Il metodo di Amma è forse inimitabile, ma è indubbiamente un magnifico modello, un'immensa fonte d'ispirazione. I principi enunciati in questo libro possono essere potenti strumenti per gestire il proprio mondo interiore ed esteriore, a condizione che il lettore sia pronto a studiarne gli esempi e ad adottare lo stile di management descritto.

CAPITOLO 2

Il modello dello specchio

Il 25 maggio 2013, sul New York Times è apparso questo articolo: "In effetti, Amma ha creato e avviato un'intera organizzazione che riempie molto spesso il vuoto lasciato dal governo. Quando uno tsunami ha devastato una parte dell'India del Sud alla fine del 2004, il governo del Kerala ha impiegato cinque giorni per annunciare gli interventi in aiuto delle vittime. Amma, invece, ha cominciato la sua opera di soccorso qualche ora dopo la tragedia, offrendo cibo e riparo a migliaia di persone. Negli anni seguenti, la sua organizzazione ha dichiarato di aver costruito oltre 6.000 case. Amma ha creato una vasta organizzazione che in India fa invidia sia al settore pubblico che a quello privato. Si dice che abbia costruito un posto dove tutto funziona perfettamente, dagli interruttori della luce alle operazioni per il riciclo della spazzatura, e questo in India è forse il miracolo più grande".

Il 9 dicembre 2011, *The Khaleej Times,* uno dei principali quotidiani di Dubai (Emirati Arabi Uniti), ha pubblicato il seguente articolo dal titolo "La donna che inverte la rotta della fuga dei cervelli ha frequentato solo la quarta elementare".

"L'appello che il Primo Ministro, dott. Manmohan Singh, ha rivolto agli scienziati che vivono all'estero, invitandoli a tornare in India e ad aiutare il Paese a entrare nell'elenco dei Paesi sviluppati, non ha riscosso molto successo, nonostante i numerosi incentivi. Per contro, una donna che ha frequentato la scuola solo fino alla quarta elementare è riuscita a far rientrare alcuni dei cervelli più brillanti. Il tanto atteso catalizzatore del ritorno dei cervelli in fuga è Mata Amritanandamayi, una delle più eminenti figure spirituali indiane, che ha infranto il sistema delle caste e altre numerose barriere sociali, economiche, educative, etc.

Non è offrendo ingenti somme di denaro che Amritanandamayi, nota come Amma, ha attratto illustri scienziati da ogni parte del mondo, ma facendo leva su un più alto senso di servizio".

Come ci riesce? Quali sono i principali strumenti che utilizza? Le sue tecniche non sono nuove, sono i vecchi strumenti dell'amore, della compassione, dell'ascolto e della pazienza. Amma è un'esperta nella pratica di queste virtù, e i benefici che ne derivano comprendono la pace, la felicità, la soddisfazione e anche il benessere economico. Ho denominato questa metodologia unica "il modello dello specchio".

1. **Meditazione**: trovare il luogo del silenzio interiore, manifestarlo attraverso le nostre azioni, ascoltando con sincerità i problemi e le domande dei membri del gruppo, dando loro consigli e istruzioni senza perdere la nostra chiarezza, pazienza e serenità.

Questo non significa che bisogna restare seduti in *samadhi* ventiquattr'ore al giorno; si tratta piuttosto di una capacità interiore di lasciare la presa, di mantenere una certa distanza di fronte alla folla delle persone e dei pensieri per dedicarsi alla contemplazione finché il guscio che nasconde la soluzione del problema non si rompe. Per illustrare questa idea, potrei fare l'esempio della chioccia che cova le uova fino a quando esse si schiudono ed escono i pulcini.

Amma dice: "Con tutto quello che accade oggi nel mondo, l'unico modo per restare sani di mente è far entrare la meditazione nella nostra vita quotidiana. I nostri professionisti devono ancora imparare gli incredibili vantaggi che la meditazione può donare loro. Possediamo la chiave di un mondo interiore meraviglioso, ma questo tesoro rimane chiuso e inesplorato perché, purtroppo, nessuno vuole impegnarsi ad aprirlo! I nostri pensieri e le nostre emozioni negative costruiscono enormi barriere fra noi e questa ricchezza interiore, nascondendoci il suo splendore. È come se fossimo davanti a un fiore celestiale senza vederlo".

"Quando si è divenuti esperti nella pratica della meditazione, la mente è stabile come la fiamma di una lampada in un luogo senza vento".

Bhagavad Gita, 6,19

2. **Intuito:** quando abbiamo colto il silenzio interiore attraverso la meditazione, a guidarci non è più la mente con i suoi pensieri conflittuali, sviluppiamo un'altra facoltà, una mente intuitiva che ci permette di prendere le decisioni giuste al momento giusto e con la giusta comprensione delle cose.

Nonostante tutti i progressi scientifici e tecnologici e le apparecchiature sofisticate esistenti, ci sono momenti in cui né la mente né l'intelletto sono in grado di darci le risposte che cerchiamo.

Capita spesso che anche le menti più brillanti si paralizzino, rimangano bloccate, incapaci di proseguire. Ci siamo impegnati al massimo, abbiamo fatto tutto il possibile, ma ora siamo a un punto morto. In quei momenti abbiamo bisogno dell'aiuto dell'intuito, una facoltà che ci collega con la sorgente della conoscenza che ignoriamo.

"Essere intuitivi", dice Amma, "significa essere spontanei. Il primo passo verso la spontaneità richiede impegno e duro lavoro. Il secondo è il lasciar andare, dimenticare tutto ciò che abbiamo fatto e dimorare nel presente, in uno stato di riposo interiore. Da questa tranquillità emerge il passo successivo, ed è allora che la mente intuitiva comincia a funzionare".

Steve Jobs, una delle più grandi figure del nostro tempo, ha detto: "Il tempo a nostra disposizione è limitato, non sprechiamolo vivendo la vita di qualcun altro. Non diventiamo prigionieri di dogmi, frutto del pensiero di altri. Non permettiamo che il rumore delle opinioni altrui copra la nostra voce interiore. E, ancora più importante, abbiate il coraggio di seguire il vostro cuore e il vostro intuito".

3. **Rispondere invece di reagire**: la risposta e la reazione sono due modi diversi di guardare a una situazione, a una persona. Rispondere è uno stato naturale e rilassato della mente, è molto più che una concessione, è un'apertura. Chi è capace di rispondere ha una comprensione maggiore, che gli permette di valutare le situazioni senza giudicare, di tracciare nuovi orizzonti di conoscenza. Quando siamo in grado di rispondere a una situazione, vediamo quello che gli altri non vedono. Il nostro approccio privo di pregiudizi rende le nostre decisioni più accurate. Questo atteggiamento ha un effetto positivo sulla produttività. Infatti, la "responsabilità" è la capacità di rispondere.

Al contrario, quando si reagisce, la mente è in uno stato non completamente equilibrato, la minima cosa può irritarla o agitarla. Una tale persona è sempre sul punto di esplodere. E, ancora più importante, poiché la sua mente perde spesso la calma, le decisioni prese non sono adeguate.

Quando reagiamo, in effetti, rendiamo più facile la vittoria dei nostri avversari perché reagire ci rende vulnerabili. La risposta è invece il tratto distintivo di una persona mentalmente forte, che ha un migliore controllo delle proprie emozioni.

Se una situazione lo richiede, la risposta permette alla collera di manifestarsi consapevolmente, senza essere sopraffatti dall'emozione. La reazione permette invece alla collera di prevalere, con il risultato che le nostre azioni non avranno il giusto grado di consapevolezza.

In genere consideriamo le persone, le situazioni e gli oggetti alla luce delle nostre esperienze passate. Non possiamo fare a meno di esprimere un giudizio, accade a livello inconscio, è la nostra natura. Ciò che non riusciamo veramente a capire è che, quando permettiamo al nostro passato di giudicare qualcosa, stiamo reagendo invece di rispondere. La reazione proviene dal passato, la risposta dal presente.

Come vediamo i nostri genitori, i parenti, il nostro capo o i colleghi? In base al nostro vissuto, non è così? Dal passato abbiamo raccolto troppe impressioni su di loro. Questi vecchi schemi sono come un velo di fumo che ci impedisce di guardarli in ogni istante sotto una nuova luce. Tuttavia, se ci pensiamo veramente, non sarebbe giusto dire che nasciamo in ogni momento? Alcune cose muoiono in noi mentre altre nascono.

Questo aspetto nuovo della vita ci sfugge quando guardiamo gli altri attraverso le lenti del passato. Non ci stiamo forse perdendo qualcosa di prezioso se manchiamo di considerare questo lato delle persone e delle cose? In sintesi, la maggior parte di noi pensa di rispondere ma, in realtà, si limita a reagire, perché guarda sempre le situazioni e le persone dal serbatoio dei ricordi. Così, le reazioni sono frequenti e le risposte sono rare.

Thomas Paine, scrittore rivoluzionario e radicale, inventore e intellettuale, fu uno dei padri fondatori degli Stati Uniti. Quando gli chiesero come gestire la collera, rispose: "Il più grande rimedio alla collera è ritardare la sua esplosione".

Amma suggerisce: "Quando qualcuno vi critica, dite almeno all'altra persona: 'Lascia che ci dorma su e tornerò da te tra un paio d'ore. Se quello che dici è vero, lo accetterò, altrimenti te lo restituirò'. Molto probabilmente, scoprirete che l'altro aveva ragione e voi torto, perché voi eravate nella modalità reattiva e lui in uno stato mentale più calmo, che gli ha permesso di prendere le distanze ed essere testimone".

Ogni turbamento emotivo appare con una certa frequenza e una certa intensità e richiede un determinato tempo di recupero. Quando il nostro livello di consapevolezza aumenta, la frequenza di questi turbamenti diminuisce e, man mano che continuiamo a lavorare sul nostro livello di consapevolezza, anche il tempo necessario per tornare alla normalità si riduce.

Tale consapevolezza ci aiuterà infine a mantenere sempre la calma, l'allegria e la fiducia. Man mano che la nostra capacità di tornare allo stato di calma si rafforza, il nostro intero processo mentale diventa molto più acuto e le nostre decisioni sono più accurate.

4. **Unità**: un senso di unità tra il datore di lavoro e il dipendente. I fattori essenziali perché questo sia possibile sono un legame nato dall'amore e la capacità di ascoltare. L'amore e l'ascolto sono inseparabili. Un cuore amorevole ascolta. Se si sentono ascoltati, i membri del gruppo acquistano forza e fiducia, si aprono, si fidano, e adempiono ai propri doveri non soltanto per guadagnarsi da vivere e ottenere una promozione, ma con sincera dedizione. In questo approccio, i membri del gruppo collaborano e sincronizzano la propria attività con quella degli altri. L'intero gruppo lavora insieme con mutua comprensione per raggiungere gli obiettivi prefissati.

Amma dice: "Dio non è qualcuno seduto su un trono dorato sopra le nuvole che giudica. Dio è la pura consapevolezza onnipervadente, che è la nostra vera natura. Così, in essenza, noi tutti siamo uno. Come la stessa elettricità si manifesta nella lampadina, nel ventilatore, nel frigorifero, nel televisore e in altri apparecchi elettronici, così lo stesso principio vitale lega tra loro tutti gli esseri.

Quando duole la mano sinistra, la mano destra automaticamente la accarezza e la consola, perché entrambe sono parte di un'unità, il nostro corpo. Analogamente, noi non siamo entità disgiunte che vivono in un mondo isolato ma anelli di una catena universale".

Come ha sostenuto il rinomato fisico Fritjof Capra nel suo libro *Il punto di svolta*: "La teoria quantistica rivela la fondamentale unità dell'universo e ci mostra che non è possibile scomporre il mondo in unità minuscole indipendenti tra loro".

5. **Reverenza**: non si tratta di reverenza nata dalla paura, ma di una reverenza nata dall'amore. Così, i dipendenti nutrono per il datore di lavoro rispetto e amore. Questa reverenza crea un'atmosfera di lavoro relativamente priva di attriti per tutti.

Amma dice che, per preservare la diversità persa attraverso la globalizzazione, è importante che nel percorso scolastico si assegni un posto all'insegnamento della cultura, alla trasmissione del nostro patrimonio culturale e dei nostri valori. Insieme a materie come l'aritmetica e le lingue, l'insegnamento di valori come l'amore, la compassione e il rispetto della natura dovrebbe far parte del programma di base. Quando trattiamo gli altri con rispetto, comprensione e accettazione, saremo in grado di comunicare al livello del cuore.

Poiché ogni cosa è pervasa da una sola e unica Coscienza divina presente in tutti, un atteggiamento reverenziale ci eleva a un piano superiore di energia pura.

Nel modello dello specchio, è lo zelo del dirigente a ispirare e a dare un esempio di amore, pazienza, compassione, accettazione, perseveranza, perfetto controllo delle emozioni e atteggiamento amichevole. In tal modo, il sentimento di "alterità" viene sostituito da quello di "unità". "Io sono" lascia il posto a "Sono in debito con il mondo e con i miei simili". L'affermazione "Io sono il vostro capo, ubbidite" diventa "Siamo tutti qui per servire. Siamo umili, quindi".

La straordinaria capacità di Amma di ascoltare ogni tipo di problema e la sorprendente facilità con cui comunica con persone di ogni posizione sociale provenienti da tutto il mondo sono leggendarie. Ovunque, decine di migliaia di persone vanno da lei. Incurante della vastità della folla, Amma siede per ore e riceve tutti con un caldo abbraccio, indipendentemente dal loro sesso, età, posizione o stato di salute. Ascolta pazientemente chi le apre il proprio cuore e il darshan termina solo quando Amma ha accolto l'ultima persona della fila.

Le cattive condizioni di salute di sua madre costrinsero Amma a lasciare gli studi al termine della quarta elementare. A quella tenera età, l'intera responsabilità dei lavori domestici ricadde sulle sue spalle. Amma parla solo il malayalam, la sua madrelingua, eppure comunica facilmente con persone di ogni nazionalità, lingua e cultura, senza nessuna sensazione di stranezza o diversità.

Ognuno di noi ha le proprie convinzioni sulla vita e sugli obiettivi che vuole raggiungere: un ladro è convinto che "vivere è rubare", chi ama il denaro crede che lo scopo della vita sia "arricchirsi con qualsiasi mezzo", un giocatore d'azzardo ritiene che "la vita è giocare d'azzardo".

Durante la conferenza dell'UNAOC (United Nations Alliance of Civilizations) che si è tenuta a Shangai il 29 dicembre 2012, Amma ha espresso questa sua convinzione: "Secondo la mia esperienza, l'unico linguaggio che l'umanità e tutti gli altri esseri viventi possono comprendere è quello dell'Amore. Da quarant'anni comunico con persone di ogni lingua, razza, colore, casta e religione, dai più poveri ai più ricchi e famosi, attraverso il linguaggio dell'Amore. Non esistono barriere per l'Amore. Nutro una fede totale nel potere trasformativo dell'Amore e nella sua capacità di unire i cuori".

CAPITOLO 3

Quando il lavoro diventa una festa

Durante un discorso tenuto a New York in occasione del cinquantenario delle Nazioni Unite, Amma ha detto: "Questo mondo è come un fiore di cui ogni nazione è un petalo. Se un petalo è infestato dai parassiti, non contagia anche tutti gli altri? La malattia non rovina forse la vita e la bellezza del fiore? Non è forse dovere di ognuno di noi proteggere e preservare la bellezza e il profumo di questo fiore che è il mondo, evitandone la distruzione?"

Oggigiorno, il mantra preferito da tutti è "riuscire". In realtà, gli esseri umani cercano da sempre la stessa cosa, solo le parole e le interpretazioni cambiano.

Le varie culture definiscono il successo in modo diverso. Per la maggior parte delle persone si tratta di denaro, potere e piacere, una filosofia vicina all'edonismo.

Come suggerisce Siduri, un personaggio del poema epico mesopotamico *Epopea di Gilgamesh*: "Riempiti la pancia, divertiti giorno e notte. Che i tuoi giorni siano pieni di gioia. Danza e suona giorno e notte. Questo è quello che dovrebbero cercare gli uomini". In seguito si svilupparono altre forme di edonismo: l'edonismo etico, l'edonismo cristiano, l'utilitarismo, l'epicureismo e via dicendo.

In India c'è una filosofia indù eterodossa, Charvaka, che sostiene il materialismo e afferma: "Quando il corpo si trasforma in cenere, non c'è possibilità di ritorno; mangiate, quindi, bevete, godetevi la vita e state allegri".

Anche se con nomi diversi, queste filosofie sono tutte basate sul materialismo ed esortano a cercare il piacere nella vita. Esse differiscono solo per l'intensità di questa ricerca. Nel mondo attuale, a eccezione di una piccola minoranza, la maggior parte delle persone è radicata in una simile filosofia. Tutte le nostre definizioni e concetti di successo in ogni attività e ambito della vita possono essere riassunti nella parola materialismo.

Crediamo che la vita sia molto lunga, ma Amma dice che, in realtà, essa è molto breve. La vita umana è come una piccola bolla nel tempo infinito. La vita è come un grande sacco d'oro che ci viene donato alla nascita, un regalo meraviglioso. Ma a partire dal nostro primo respiro, l'universo inizia a prelevare il tempo a nostra disposizione, senza sosta. Continua a portarcelo via finché non facciamo bancarotta, ed è allora che riceviamo la visita della Morte. Viviamo quindi con pienezza la nostra vita.

Ho letto recentemente un editoriale su un giornale che rappresenta la corrente di pensiero dominante. L'autore, un noto consulente di management, scriveva: "L'avidità di per sé è una buona cosa, perché dà alla gente un motivo per svegliarsi al mattino e recarsi al lavoro, sforzandosi di ottenere un qualche successo. È quando si oltrepassano i limiti e, invece di fare del bene, si cominciano a commettere degli atti immorali e criminali, che l'avidità diventa dannosa".

Khaled Hosseini, attuale ambasciatore di pace per l'Alto Commissariato delle Nazioni Unite per i rifugiati (UNHCR), scrive nel suo romanzo *'Il cacciatore di aquiloni'*, diventato un bestseller del New York Times: "Quella stessa notte scrissi il mio primo racconto. Mi ci vollero trenta minuti. Era un piccolo racconto noir, la storia di un uomo che trova un calice magico e scopre che quando piange nel calice le sue lacrime si trasformano in perle.

Sebbene sia povero, egli è felice e piange raramente. Deve quindi trovare un modo per essere triste, così da poter diventare ricco.

Le lacrime si accumulano e la sua avidità continua ad aumentare. La storia finisce con l'uomo che, seduto sopra una montagna di perle con il coltello in mano, piange disperato nel calice, tenendo tra le braccia il cadavere della moglie amata".

Avendo letto il sunto di questo racconto, immagino concordiate con me sul fatto che l'affermazione contenuta nell'editoriale ("L'avidità di per sé è buona") non sia giusta. Indipendentemente dal risultato, la forza che ci spinge a compiere un'azione non dovrebbe mai essere l'avidità, ma piuttosto la profonda gioia per quello che facciamo. Il nostro scopo dovrebbe esser più nobile del semplice accumulo di ricchezze.

Amma dice che è naturale che un essere umano abbia dei desideri, questo fa parte dell'esistenza. Ma l'avidità e l'intensa bramosia non sono naturali, sono contrarie all'esistenza e a Dio. Sprecare cibo o prendere dalla natura più del necessario sono azioni contrarie alle leggi della natura.

Se dovessimo spiegare la recessione in una sola frase, diremmo che è l'avidità delle imprese che sommerge la società. Il nodo della questione è che dimentichiamo, consapevolmente o meno, la ricchezza interiore dell'appagamento. Non siamo interessati a coltivare la conoscenza interiore del discernimento.

Solo qualche anno fa, oggetti di valore come la macchina o il cellulare erano considerati beni di lusso. Oggi sono una necessità. Quello che in passato era un lusso è oggi necessario e tutte queste necessità provocano un aumento dei desideri. E non ci si ferma qui. Questi desideri assumono la malvagia forma di estrema avidità e sfruttamento. Un tale atteggiamento porta alla perdita dei valori fondamentali e al conseguente squilibrio nelle risorse. Anche se vediamo che il mondo che ci circonda si sta disgregando, ci rifiutiamo di cambiare la nostra mentalità e andiamo avanti sul cammino dello sfruttamento.

"Non c'è limite ai bisogni!", proclamano gli economisti. Anche nella vita, i bisogni e i desideri, sono importanti obiettivi da soddisfare.

> *"Quando l'uomo presta attenzione agli oggetti dei sensi, sviluppa attaccamento per questi oggetti; dall'attaccamento nasce il desiderio e, quando appare un ostacolo alla realizzazione di questo desiderio, si manifesta una forza chiamata collera. Dalla collera origina lo smarrimento, dallo smarrimento la confusione nella memoria, dalla perdita della memoria la rovina dell'intelletto: con la rovina dell'intelletto l'uomo è perduto".*
>
> Bhagavad Gita, 2, 62 – 63

Quando la malattia si impossessa completamente di una persona e diviene la sua vera essenza, il malato non riuscirà più a comprendere che ciò che lo affligge è una semplice malattia. Quando l'ignoranza diventa l'anima della nostra esistenza, non c'è scampo.

La vera chiave del successo è dimenticare il passato e vivere nel presente, in questo istante.

Amma dice: "Vivere nel presente non significa non fare progetti, ma quando disegnate il progetto di un ponte siate totalmente presenti. E siatelo anche mentre lo costruite. Quando un chirurgo opera un paziente, non dovrebbe pensare alla moglie o ai figli. Se non rimane perfettamente concentrato, rischia di perdere il malato sul tavolo operatorio. Tuttavia, tornando a casa dalla moglie e dai figli, dovrebbe comportarsi come un buon marito e padre (o, se è una donna, come una buona moglie e madre). È pericoloso sia portare l'ufficio a casa che portare la casa in ufficio. Il lavoro diventa gioioso quando siamo in grado di infondervi l'amore.

L'amore è nel presente. Innamorarsi (in inglese *fall in love*, ovvero *cadere nell'amore*, n.d.t.) del proprio lavoro è come attingere alla vera fonte della felicità. In effetti, in questo caso non si cade ma ci si eleva nell'amore. Se svolto con il giusto atteggiamento, il lavoro ci aiuta a salire verso le vette dell'amore e della gioia. Preserviamo questa gioia, questo sentimento di profondo amore che gradualmente ci farà eccellere nella nostra professione".

In realtà, quando siamo completamente assorbiti in un'attività che ci interessa, dimentichiamo il nostro nome, il nostro stato sociale, il nostro indirizzo e la nostra famiglia. Questo è ciò che accade ai poeti, ai pittori, ai cantanti, ai danzatori, agli scienziati e alle persone creative. Questo umore gioioso nasce nel nostro intimo, la sua fonte non si trova all'esterno. In questo stato, poco ci importa se il lavoro che stiamo svolgendo è prestigioso o umile, perché la felicità che proviamo è più importante.

Anni fa, quando la sede del MAM in Kerala era un pezzo di terra circondato dalla laguna, una delle attività regolari dei residenti era "il seva della sabbia": trasportare sabbia, un'occasione per ognuno di aiutare a riempire le zone paludose intorno all'ashram.

La sabbia arrivava in barca da luoghi lontani e veniva ammassata sulle sponde della laguna. Da lì, spalandola, la raccoglievamo in secchi che portavamo sulla testa fino all'area da riempire.

Dopo le preghiere serali e la cena, la campanella del seva della sabbia poteva suonare in qualsiasi momento. Per i residenti, quella campanella era diventata parte della normale routine e tutti ne aspettavano con impazienza il suono. Potevano essere le 22, le 23, mezzanotte o anche più tardi. Non appena la campanella suonava, tutti arrivavano con sacchi, pale, vanghe, picconi e altri attrezzi.

Per prima cosa, tutti i residenti, qualunque fosse la loro età, nazionalità, genere e lingua, si radunavano davanti alla stanza di Amma e la aspettavano. Poco dopo, Amma arrivava e diceva: "Bene, andiamo…"

Amma era sempre in prima linea e partecipava attivamente. A volte riempiva i sacchi di sabbia, altre volte trasportava i sacchi sulle spalle fino alla palude, controllando nel contempo il lavoro e dando istruzioni. Di tanto in tanto lanciava frasi scherzose, cantava e talvolta muoveva qualche passo di danza con il sacco di sabbia sulla testa o sulle spalle. Anche se i residenti cercavano di impedirle di trasportare un sacco pesante o di spalare la sabbia, lei rispondeva sorridendo: "Se puoi farlo tu, posso farlo anch'io".

Ogni membro del gruppo lavorava con profonda sincerità, entusiasmo e amore. Era divertente, un'occasione veramente gioiosa, nella quale il lavoro prendeva spontaneamente l'aspetto di un gioco, di una danza. Le persone non si accorgevano neppure del trascorrere del tempo. Di solito il seva della sabbia durava poco più di due ore. Il lavoro terminava quando tutti sentivano Amma dire: "Per oggi basta." A quel punto mezzanotte era passata da un pezzo.

Ma non era finita. Guidando l'intero gruppo verso la sede della ONG, Amma chiedeva: "È pronto il caffè? C'è qualcosa da mangiare?" (Si trattava generalmente di diversi tipi di fritture e rondelle di banana fritte e salate.) Non appena il caffè e il cibo arrivavano, Amma si sedeva sulla sabbia circondata dai residenti e li serviva.

Ricordo chiaramente un episodio avvenuto in una di queste occasioni. Mentre Amma distribuiva a tutti il caffè e il cibo, improvvisamente disse a uno dei residenti che stava per ricevere la sua parte: "Tu non hai lavorato, vero?"

"No, sono andato a letto".

"È giusto ricevere il frutto delle azioni degli altri?" gli chiese con voce calma.

"No", rispose l'uomo con onestà. "Mi spiace, Amma". Mentre si allontanava, Amma lo richiamò e disse: "Non voglio che tu ti senta triste perché questo rattrista anche me. Ma non voglio che gli altri si arrabbino con te e non voglio nemmeno dare un cattivo esempio. Non posso essere parziale. Gli altri non devono avere l'impressione di poter fare altrettanto. La mente è così subdola che cerca sempre scuse per scappare dalle situazioni e dalle responsabilità. Sbaglio? Cosa ne pensi?"

Questa volta il residente sembrava veramente pentito e rispose: "Amma, hai perfettamente ragione". A quel punto lei gli disse: "Ora fai una cosa: porta un sacco di sabbia dalle sponde della laguna al punto in cui riempiamo la palude e torna indietro, allora riceverai la tua parte di caffè e di cibo". Quando l'uomo si allontanò per seguire le istruzioni di Amma, lei aggiunse: "Deve trasportare un sacco perché Amma non vuole essere ingiusta verso chi ha lavorato. La contentezza e il riposo sono il risultato di un'azione disinteressata".

Potremmo pensare che Amma sia stata troppo esigente, che abbia ingigantito un piccolo errore trasformandolo in una grave trasgressione, tuttavia le abitudini e il carattere che formano la nostra personalità nascono dai pensieri che generalmente accantoniamo come inconsistenti e insignificanti. Sappiamo tutti come l'accumularsi di azioni sbagliate possa portare nel tempo a situazioni pericolose. Un ladro, ad esempio, comincia generalmente con piccoli furti prima di commettere reati più gravi.

Anche il successo ha spesso origini modeste. Multinazionali come Microsoft e Apple hanno iniziato su piccola scala; lo stesso è avvenuto con Tata e Reliance, due multinazionali indiane.

Infosys, che aveva inizialmente un capitale di soli 250 dollari, si è trasformata in una società da 7,4 miliardi di dollari, con una capitalizzazione di mercato di circa 31 miliardi di dollari.

Una mela che cade non è un grande evento, ma nella mente di Isaac Newton aprì un nuovo mondo che ha portato a una grande scoperta. Ogni cosa in natura ha origini modeste. Un grande albero nasce da un seme minuscolo. Secondo la teoria del

Big-Bang, l'intero universo si è espanso da una piccola bolla di singolarità. Il pittore americano Ralph Ransom afferma che la vita è una serie di passi. Le cose si fanno gradualmente. Ogni tanto si fa un passo da gigante, ma la maggior parte del tempo facciamo passi piccoli, apparentemente insignificanti, sulla scala della vita.

Amma dice: "Non esiste nulla di irrilevante a questo mondo, tutto è importante e merita la nostra considerazione. Un aereo non può decollare se c'è un problema tecnico al motore o se manca anche una sola vite importante. Rispetto al motore, la vite è piccola, ma potremmo dire che la sua assenza non è importante? No".

In quanto cittadini responsabili e persone che contribuiscono al bene della società, è importante per noi capire che nulla può essere considerato insignificante. Ogni cosa ha uno scopo.

I lettori dovrebbero sapere che l'intera area del nostro centro spirituale in Kerala era originariamente una palude. Sono stati i residenti e i visitatori a riempire i fossi e a livellare il terreno per dargli l'aspetto attuale, costantemente guidati dalla presenza e dalla partecipazione di Amma. Per fare questo lavoro non è stata chiamata nessuna impresa.

Sebbene l'episodio del seva della sabbia che ho appena raccontato possa sembrare di poca importanza, esso ci insegna che è necessario praticare la consapevolezza in tutte le circostanze della vita. Come dice Amma: "Senza consapevolezza non c'è vita. La vera consapevolezza consiste nell'essere coscienti dei movimenti del corpo, di ciò che accade all'esterno, dei pensieri e delle emozioni che appaiono nella mente. È proprio questo il modo di impedire che i vizi ci dominino". Ricordo un aforisma di Aristotele: "Ciò che dona alla vita il suo vero valore non è la mera sopravvivenza, ma la consapevolezza, la vigilanza e la capacità di contemplare".

La storia del seva della sabbia indica anche quanto sia importante mostrare affetto e umiltà verso le persone che ci circondano e nelle diverse situazioni. Dicendo a quell'uomo: "Non voglio che tu ti senta triste perché questo rende triste anche me", Amma ha mostrato il suo affetto per i membri del gruppo. Rifiutando di dare il caffè e il cibo al residente che non aveva partecipato al seva della sabbia, Amma ha inviato un chiaro messaggio di equità e ha comunicato l'idea che 'non puoi sempre fare quello che vuoi, comportati come un componente del gruppo'. In tal modo, Amma ha reso tutti felici.

La cosa più importante è che Amma riesce a trasformare qualunque lavoro in un'esperienza gioiosa. Questo dimostra la capacità di un leader di ispirare veramente il proprio gruppo e di sostenere il suo entusiasmo, a qualunque ora del giorno o della notte. Come osservò giustamente J.R.D. Tata: "Quando vogliamo conquistare gli altri, dobbiamo farlo con il nostro carattere e con la nostra gentilezza. Per essere un leader, non dovete dimenticare l'affetto nei vostri rapporti interpersonali".

CAPITOLO 4

Circoli viziosi e circoli virtuosi

I termini economici "circolo virtuoso" e "circolo vizioso", noti anche come "ciclo virtuoso" e "ciclo vizioso", si riferiscono generalmente a una serie di avvenimenti complessi, che generano un movimento in avanti o dei risultati positivi grazie a quello che si potrebbe chiamare effetto a spirale. Come suggeriscono i termini, un circolo virtuoso ha conseguenze positive, mentre un circolo vizioso ha ripercussioni scoraggianti o sfavorevoli.

Quando provocano una crescita economica, le innovazioni scientifiche e tecnologiche possono creare un circolo virtuoso. Si produce allora una reazione a catena: aumento della produttività, riduzione dei costi di produzione, abbassamento dei prezzi, aumento del potere d'acquisto e innalzamento dei consumi con conseguente ulteriore crescita economica che dà il via a un nuovo ciclo. Un altro esempio potrebbe essere il tasso d'interesse sui depositi di denaro che, generando interessi sempre maggiori, attirano depositi sempre più consistenti che provocano a loro volta un aumento degli interessi, e così via.

L'iperinflazione è invece la tipica conseguenza di un circolo vizioso che provoca un effetto a valanga: l'inflazione diventa galoppante, si autoalimenta e genera ancora più inflazione. Questo ciclo comincia generalmente con un rapido rialzo dei tassi d'interesse internazionali o con un'enorme ascesa degli arretrati del debito pubblico, dovuta principalmente a spese ingiustificate. Il governo può allora cercare di ridurre il passivo (i debiti) producendo valuta, metodo noto come *monetizzazione del debito*, ma una tale politica di creazione di moneta rischia di accelerare ulteriormente l'inflazione.

Prevedendo la svalutazione della moneta, la gente tende a spendere il proprio denaro rapidamente. Poiché la moneta ha ancora un certo potere di acquisto, le persone convertono i propri risparmi in beni materiali. Molto spesso acquistano a credito, andando così alla fine ad accentuare la svalutazione del denaro. Poiché in tal modo le riserve monetarie del paese si riducono, il governo ha difficoltà a ripagare i suoi debiti e non ha altra alternativa che stampare nuove banconote provocando così un altro circolo vizioso. La politica monetaria indiana è diversa da quella dei paesi occidentali, in particolare degli Stati Uniti e di alcuni paesi europei. La RBI (Reserve Bank of India) deposita nelle proprie casseforti una quantità d'oro proporzionale alla moneta messa in circolazione, riducendo così il rischio di inflazione.

Poiché gli esseri umani non sono riusciti a impiegare in modo sensato le risorse disponibili, sia naturali che di altro genere, se non prendiamo misure radicali per migliorare la situazione attuale, la conseguenza inevitabile sarà uno stato di squilibrio. Il sempre maggiore divario tra ricchi e poveri causerà un'ingiusta e squilibrata distribuzione delle ricchezze, che genererà automaticamente infelicità, scontento e conflitto.

È tempo di assimilare dei nuovi principi che intellettualmente potrebbero non sembrare convincenti ma che sono, di fatto, ingredienti vitali nella situazione attuale dell'umanità. Quali sono questi miglioramenti? Si tratta di trasformare un cuore calcolatore in un cuore sensibile. È giunto il momento di creare un equilibrio tra le decisioni prese usando l'intelletto, il ragionamento puro e la logica, e quelle prese usando il cuore, la coscienza e il potere che li trascende entrambi, così che il mondo interiore e il mondo esteriore si muovano insieme armoniosamente.

La voce della nostra coscienza è un tenue sussurro, sottile e soggettivo, per sentirlo occorre tendere l'orecchio con attenzione. Coltiviamo l'abitudine di avere un colloquio intimo, a tu per tu, con la nostra coscienza. Se essa ci suggerisce che un'idea è cattiva o la rifiuta, abbandoniamola. Sfruttando le risorse naturali, abbiamo completamente messo da parte la nostra coscienza.

La maggior parte dei lettori concorda sicuramente con me nell'affermare che il pianeta Terra ha un estremo bisogno del nostro sostegno amorevole e di un approccio compassionevole. Questa urgenza è talmente palpabile che per avvertirla non è necessario avere un animo sensibile e delicato. Gli esseri umani, gli animali, il regno vegetale, i fiumi, la natura intera e l'atmosfera mostrano evidenti segni premonitori di una tragedia inattesa.

Per essere onesti, dobbiamo scegliere tra "agire" o "morire".

Abbiamo solo due scelte: o cambiamo immediatamente, interiormente ed esteriormente, o rimaniamo ancorati ai nostri vecchi schemi e lasciamo che la natura faccia il suo corso.

Questo mi ricorda le parole del professor Stephen Hawking, il celebre astrofisico. In un'intervista per il sito *Big Think Idea Hunters*, Stephen Hawking ha dichiarato: "Vedo grandi pericoli futuri per il genere umano. In passato, ci sono stati dei momenti in cui la sopravvivenza dell'umanità è stata appesa a un filo. La crisi dei missili a Cuba nel 1963 è un esempio. È probabile che un domani simili incidenti siano più frequenti.

Per riuscire a evitare una catastrofe, dovremo gestire queste crisi con più attenzione, con maggiore discernimento. Ma io sono ottimista. Se ci riusciamo per i prossimi due secoli, la nostra razza sarà salva, perché ci espanderemo nello spazio.

Se siamo gli unici esseri intelligenti nella galassia, dovremmo assicurarci di sopravvivere e continuare a vivere. Tuttavia, stiamo entrando in un periodo estremamente pericoloso della nostra storia. La popolazione e l'utilizzo delle risorse del pianeta Terra stanno aumentando in modo esponenziale, così come la nostra capacità tecnica d'influire sull'ambiente, nel bene e nel male. Il nostro codice genetico, tuttavia, serba ancora gli istinti aggressivi ed egoistici che ci hanno permesso di sopravvivere in passato.

Sarà difficile evitare i disastri nei prossimi cent'anni, figuriamoci nei prossimi mille o un milione di anni. A lungo termine, la nostra unica possibilità di sopravvivenza non è rimanere sul pianeta Terra, ma emigrare nello spazio. Nell'ultimo secolo abbiamo fatto progressi enormi ma, se vogliamo continuare a vivere oltre i prossimi cent'anni, il nostro avvenire è nello spazio. Ecco perché sono favorevole ai voli nello spazio con equipaggio umano, o dovrei forse dire 'con persone'".

Sebbene il professor Hawking abbia affermato che la conquista dello spazio è la nostra sola possibilità di sopravvivenza a lungo termine, da un punto di vista pratico questo potrebbe non essere realizzabile. Se tuttavia l'uomo lo desidera, con l'aiuto della legge che governa l'universo possiamo ancora trasformare questo pianeta Terra in un luogo bellissimo e pieno di risorse per le prossime generazioni. Questo cambiamento richiede una metamorfosi, la capacità di sentire, esprimere e praticare amore, l'emozione più cara agli esseri umani e a tutti gli altri esseri viventi.

Possiamo anche chiudere gli occhi davanti a tutto quello che accade nel mondo, pensare soltanto al nostro piacere immediato e dire: "Non m'importa nulla del pianeta! Dopo di me, il diluvio!" Prima di scegliere questa opzione, proviamo però a immaginare lo stato del mondo se tutti ragionassero così.

In realtà, l'amore è uno strumento di comunicazione, è ciò che connette gli esseri umani all'universo, la madre al figlio (che si tratti di un essere umano, di un animale o di un uccello).

L'amore è il legame che ci unisce gli uni agli altri, ma questo amore innato dev'essere nutrito. Forse l'amore non è lo "spazio" di cui parla il professore Hawking, ma è sempre stato lo "spazio" dell'uomo, la vera dimora, ancora inesplorata, dell'umanità. L'amore continuerà a essere il nostro vero "spazio" di esistenza, nel presente come nel futuro, a meno che non scegliamo di uscire da questo spazio sacro. "Nascete nell'amore, vivete nell'amore e morite nell'amore", ecco, in essenza, ciò che ci mostra Amma come ambasciatrice del modello dello specchio.

Una sola parola è sufficiente a descrivere la sua natura compassionevole: *donare*. La vastissima rete di attività umanitarie creata da Amma e i contributi apportati nel campo dell'istruzione, della sanità, della ricerca, dell'autonomia (anche economica) delle donne, e anche la costruzione di case per i senzatetto, la protezione dell'ambiente, la fornitura di pasti gratuiti, etc. possono essere riassunti in questa parola.

Ecco la testimonianza dell'ex presidente dell'India, dott. A.P.J. Abdul Kalam: "Desidero condividere con voi ciò che ho imparato da Amma: donate. Continuate a donare. Non solo denaro. Potete anche donare la conoscenza, alleviare la sofferenza. Ognuno di noi, ricco o povero, può donare. Non c'è messaggio più grande del dono che Amma fa a tutti gli esseri umani".

Amma è certamente un'idealista, ma ha anche dimostrato chiaramente la sua capacità di tenere fede ai suoi impegni. Come ha dichiarato il sindaco di New York, Michael Bloomberg: "Che si tratti degli interventi a favore delle vittime dello tsunami, di costruire case per i poveri, di fornire risorse alle vedove e alle donne vittime di violenze, di confortare chi ne ha più bisogno, Amma, tu hai trasformato la vita di un grande numero di uomini e donne in tutto il mondo che te ne sono grati".

Come afferma Krishna nella Bhagavad Gita: "*Yogah karmasu kausalam*", "Lo yoga è abilità nell'azione". Amma pensa e agisce con incredibile velocità. Ogni progetto umanitario inizia con un'azione disinteressata di Amma, che si concentra sull'azione presente, sul suo compito, senza preoccuparsi del risultato.

Ecco alcune delle sue opere:

AIUTI UMANITARI

Interventi dopo calamità naturali

• Esplosione di una fabbrica di fuochi d'artificio e di serbatoi di GPL nell'India del Sud (2012): aiuti alle famiglie delle vittime e dei feriti

• Terremoto e tsunami in Giappone (2011): donazione di un milione di dollari a favore dei bambini rimasti orfani nella tragedia

• Terremoto ad Haiti (2010): fornitura di materiale sanitario e coperte, e assegnazione di borse di studio agli studenti

• Inondazioni in Karnataka e in Andhra Pradesh (2009): 10,7 milioni di dollari per assistenza medica, cibo, provviste; costruite 1.000 case per gli sfollati

• Ciclone Aila nel Bengala occidentale, in India (2009): assistenza medica, cibo e provviste

• Inondazioni in India, nel Bihar (2008), nel Gujarat (2006) e a Mumbai (2005): oltre un milione e mezzo di dollari in materiale sanitario, cibo, forniture e alloggi

• Terremoto in Kashmir (2005): cibo e provviste

• Uragano Katrina, Stati Uniti (2005): donazione di un milione di dollari al Fondo Katrina di Bush-Clinton

• Tsunami in India e nello Sri Lanka (2004): opere di soccorso per un valore di 46 milioni di dollari (costruzione di 6.200 case a prova di tsunami, fornitura di 700 nuovi pescherecci, realizzazione di un ponte per l'evacuazione, organizzazione di corsi di formazione professionale per 2.500 vittime dello tsunami)

• Terremoto in Gujarat (2001): costruzione di 1.200 abitazioni antisismiche.

Altri progetti di assistenza

• Completamento di 45.000 abitazioni per i poveri in tutta l'India

• 41.000 borse di studio per i figli di contadini impoveriti con l'obiettivo di arrivare a 100.000

• Interventi a sostegno dell'autonomia delle donne, messa a disposizione di un capitale iniziale per permettere a 100.000 donne di lavorare in proprio, formazione professionale, accesso al microcredito

• Iniziativa a favore dell'agricoltura biologica: sostegno a 10.000 persone indigenti perché coltivino ortaggi nel loro terreno seguendo i metodi dell'agricoltura biologica

• Orfanotrofi per 500 bambini in Kerala e per 50 bambini a Nairobi

• Pasti gratuiti ogni anno a oltre 10 milioni di indigenti in India e 100.000 in altri paesi, di cui 75.000 negli Stati Uniti attraverso una rete di mense per i poveri

• Pensioni a favore di 59.000 donne indigenti e persone fisicamente o mentalmente disabili con l'obiettivo di arrivare a 100.000

• Quattro case di riposo in India

• Un ostello per donne in difficoltà

• Un progetto di assistenza nelle carceri negli Stati Uniti per dare speranza e conforto ai detenuti.

Iniziative spirituali e culturali

• L'ashram di Amritapuri in Kerala (India) è la sede internazionale delle opere umanitarie di Amma, che si svolgono attraverso centinaia di centri distaccati e gruppi di volontariato in tutto il mondo

• La tecnica di meditazione IAM® (Integrated Amrita Meditation Technique®) è insegnata gratuitamente in tutto il mondo

• AYUDH aiuta i giovani a "essere il cambiamento che vorreste vedere nel mondo" attraverso progetti sul territorio

• GreenFriends, che promuove il rispetto per la Natura, dal 2001 ha piantato e incoraggiato la messa a dimora di un milione di alberi.

Sanità

AIMS (Amrita Institute of Medical Sciences)

• Ospedale no profit con 1.300 posti letto (210 in Terapia Intensiva) che offre prestazioni sanitarie gratuite agli indigenti
• 12 istituti medici con le principali aree di specializzazione, 51 dipartimenti medici associati, 24 sale operatorie
• Oltre 2,6 milioni di pazienti curati gratuitamente dal 1998 ad oggi.

Servizi erogati dall'AIMS sul territorio

• Telemedicina via satellite per ospedali e per oltre 40 centri remoti in India e in alcune regioni dell'Africa
• Visite mediche gratuite in aree remote, nell'ambito di campagne di prevenzione sanitaria
• Corsi di formazione per operatori sanitari offerti a centinaia di abitanti di villaggi tribali
• Cinque centri ospedalieri distaccati (tre in Kerala, uno in Karnataka e uno nelle isole Andamane) che offrono cure gratuite
• Una casa di cura per malati di AIDS a Trivandrum e un *hospice* per malati oncologici a Mumbai
• Cure palliative e assistenza domiciliare gratuita per malati terminali
• Oltre 100 postazioni mediche gratuite ogni anno in tutta l'India
• Servizio di medicina ayurvedica presso l'ospedale universitario della Facoltà di Ayurveda (160 posti letto)
• Formazione per diventare infermiere domiciliari per 100.000 donne appartenenti a oltre 6.000 gruppi di auto aiuto.

Istruzione

Amrita Vishwa Vidyapeetham (Amrita University)

• Cinque campus con facoltà di Ingegneria, Medicina, Scienze Infermieristiche, Odontoiatria, Farmacia, Economia, Giornalismo, Ayurveda, Pedagogia, Biotecnologia, Belle Arti e Scienze

• I laboratori di ricerca Amrita e altri centri di ricerca sono costantemente impegnati a sviluppare innovazioni nel campo della comunicazione, dell'e-learning, delle tecnologie dell'educazione, dell'informatica e della biotecnologia

• 30 fra le più importanti università nel mondo, tra cui Stanford, MIT, NYU, EPFL in Svizzera, VU ad Amsterdam, TU a Monaco di Baviera, Roma Tre, ETH Zurich e l'Università di Tokyo, collaborano con l'Amrita University per migliorare il livello dell'istruzione e della ricerca in India

• L'Istituto per l'Istruzione delle Persone (Institute of Peoples' Education) fornisce formazione professionale e favorisce lo sviluppo della comunità

• Campagna di alfabetizzazione a favore delle popolazioni tribali, premiata dalle Nazioni Unite.

Istruzione primaria e secondaria

• 47 scuole in tutta l'India forniscono un insegnamento basato sui valori, in un approccio educativo di tipo olistico

• Una scuola per bambini con disturbi dell'udito in Kerala.

Tutto l'impegno di Amma è teso a creare un circolo virtuoso per non cadere nel vortice di un circolo vizioso che, come una malattia contagiosa, spargerebbe ovunque i germi della negatività.

CAPITOLO 5

Virtù, equanimità e grazia

Come spiegato nel capitolo precedente, gli economisti hanno il loro modo di descrivere i circoli virtuosi e viziosi. La leadership e il management di Amma producono uno straordinario circolo virtuoso, basato sull'amore, che genera e forma costantemente esseri umani di buon cuore.

Quando un evento negativo ne provoca un altro, si parla di circolo vizioso. Prendete per esempio la paura: quando siamo in preda alla paura, se non riusciamo a superarla, essa aumenta e genera altre paure. In tal modo finiamo in un circolo vizioso. Ogni volta che la paura si affaccia, si radica sempre più profondamente nella nostra mente. Più le permettiamo di controllarci, più essa penetra profondamente in noi e diventa un'abitudine che influisce negativamente sulle nostre parole, sulla nostra energia e sul nostro comportamento.

Al contrario, in un circolo virtuoso come quello generato da Amma, in cui le parole del leader corrispondono ai fatti, le persone si sentono grandemente ispirate dall'equanimità, dall'amore per l'umanità, dalla forza, dall'ascolto paziente e dal coraggio che lei dimostra. Quando un esempio vivente di tale valore si trova a capo di un'organizzazione, il gruppo comincerà spontaneamente a emulare le qualità positive del leader. Questo legame e il circolo virtuoso che esso crea diventano un catalizzatore che permette all'organizzazione di ottenere risultati sorprendenti.

Ecco un esempio che dimostra fino a che punto Amma si prenda cura di tutti, senza alcuna discriminazione: quando la nostra ONG terminò le opere di soccorso e di ricostruzione dopo lo tsunami, decidemmo di creare un documento di riferimento per il futuro, un libro che descrivesse dettagliatamente il nostro operato.

Quando fu pronta la prima copia, prima d'inviarla in stampa la mostrai ad Amma. Si trattava di un libro piuttosto voluminoso, pieno di foto e descrizioni vivide. Mentre dava il darshan, Amma lo sfogliò e guardò le fotografie dei vari interventi di aiuto dopo lo tsunami. Le immagini mostravano Amma che lavorava a fianco dei volontari, i primi monaci che si erano uniti all'ashram, i residenti, gli occidentali, giovani e vecchi, tutti impegnati in diversi seva (servizio volontario, n.d.t.). C'era persino una foto di Ram, uno degli elefanti dell'ashram, che trasportava il legno per costruire le case.

Mentre guardava le immagini, a un tratto Amma esclamò: "Dov'è Lakshmi?" Inizialmente non capii, pensavo che Amma si riferisse a Lakshmi, la *brahmacharini* che si prende cura di lei, ma Amma disse: "No, Lakshmi! Lakshmi! Lakshmi!" e poi spiegò: "Non è giusto che abbiate messo le foto di Ram e non quelle di Lakshmi. Anche lei ha lavorato per le vittime dello tsunami".

Amma stava parlando del secondo elefante dell'ashram, Lakshmi. Ecco un esempio di vera equità, non solo verso gli esseri umani ma anche verso gli animali.

L'esempio di Amma, la sua abnegazione e sollecitudine, attirano grandi scienziati, medici e professionisti da ogni parte del mondo che vengono a lavorare presso le università o le strutture sanitarie che lei gestisce, amministrandone con cura le risorse. Questo tipo di leadership crea spontaneamente un circolo virtuoso.

Ancora oggi, la vita di Amma è disseminata di prove e di tribolazioni. Inizialmente provenivano dalla sua famiglia e dagli abitanti del villaggio che la contrastavano. Ora tutte queste persone l'hanno accettata completamente ma dall'età di nove anni, quando ha smesso di frequentare la scuola, fino alla fine degli anni ottanta, Amma ha dovuto superare innumerevoli ostacoli. Nella sua famiglia e nel suo villaggio, nessuno comprendeva la via che lei seguiva, una via d'amore e di compassione. Inoltre, poiché era una ragazza, i suoi familiari erano molto preoccupati per il suo avvenire. Tuttavia, la sua fede e la sua determinazione a condurre una vita fondata sulla compassione e sull'attenzione agli altri erano incrollabili.

Amma ha creato una vasta rete di circoli virtuosi che include tutte le generazioni, dai bambini agli adulti, di ogni estrazione sociale. Amma ha avviato un processo di purificazione e di impegno persino tra i bambini piccoli: alcuni ragazzini che conoscono l'organizzazione di Amma mettono da parte il denaro che ricevono dalla famiglia per sostenere le attività caritatevoli.

Qualche anno fa, quando Amma si trovava in Svizzera, un ragazzino di circa tredici anni le si avvicinò con una piccola busta in mano. Porgendogliela, le disse: "È per le tue opere caritatevoli".

Amma chiese: "Che cosa c'è dentro?"

"Ci sono trecento euro" rispose il bambino.

"Dove li hai presi?"

"Ho partecipato a un concorso di flauto e ho vinto il primo premio. Questo è il denaro del premio. Tu fai così tanto per aiutare i poveri, per favore accettalo". Le parole del bambino erano colme di amore puro e innocenza. Amma insistette affinché lui tenesse il denaro.

Ma la storia non finisce qui.

La sorellina del bambino era triste perché non poteva offrire nulla per aiutare i poveri. Qualche settimana dopo era il suo compleanno e quel giorno Amma era a Monaco. Come regalo, il nonno della bambina le donò una piccola somma di denaro che lei normalmente spendeva comprando un gelato o dei cioccolatini. Questa volta, però, la bambina disse ai suoi genitori: "Mangio sempre il gelato. Quest'anno voglio dare il denaro alla mia Amma. Non si prende cura di così tanti bambini come me?"

Ecco come avviene la purificazione dell'amore, che si attua attraverso la vicinanza, la comprensione e una sincera preoccupazione per gli altri. I due bambini avevano un desiderio, quello di aiutare altri bambini meno fortunati.

Un esempio ispirante può senza dubbio raggiungere e toccare ogni cuore. Un tale modello trascende le barriere di lingua, nazionalità, religione e età; aiuta gradualmente le persone a purificare i loro scopi e le loro intenzioni, a scegliere obiettivi disinteressati. È così che Amma aiuta le persone ad aprire il loro cuore.

Come qualsiasi altra impresa, il cammino della virtù richiede una fede salda e molta forza d'animo. A mano a mano che la nostra resistenza aumenta, le cose gradualmente cambiano. Molto naturalmente, il nostro lavoro, i nostri pensieri e la nostra presenza sono rispettati e accettati. Al tempo stesso, un individuo che segue questo percorso resta sempre un mistero perché è difficile, per una mente calcolatrice, comprendere la forza della virtù che si traduce in azione e diventa stile di vita.

Quando entriamo in un circolo virtuoso, la nostra forza interiore e il nostro potenziale fioriscono. La virtù ci protegge da tutte le circostanze avverse perché siamo adesso connessi con la legge eterna dell'universo e diventiamo un tutt'uno con questo flusso.

Il circolo virtuoso ci consente anche di centrarci meglio, indipendentemente dalle circostanze esterne. Assaporiamo pienamente i nostri successi nel mondo ma, in caso di sconfitta, rimaniamo centrati nell'esperienza della nostra virtù interiore. Questo ancoraggio interiore è una semplice questione di consapevolezza.

Il vantaggio più grande di un circolo virtuoso è quello di bloccare completamente le interferenze dell'ego. Nel mondo attuale vi è la diffusa tendenza a credere che senza l'ego non si ottenga nulla. In realtà, l'ego non è un vero amico ma piuttosto un nemico, un ostacolo che ci impedisce di vedere, ascoltare, osservare e giudicare correttamente le cose. È come un'enorme nuvola che copre interamente il vasto cielo della nostra mente, oscurando la realtà. Riducendo l'intervento dell'ego, la nostra chiarezza mentale, vivacità intellettuale, efficienza e abilità di gestire una situazione migliorano notevolmente. Se teniamo a freno l'ego, le nostre decisioni sono più rapide e più precise.

Più diminuiamo le interferenze dell'ego, più riceviamo il sostegno e la protezione dell'universo. È come se una forza sconosciuta ci portasse e ci sostenesse attraverso le sfide della vita. In effetti, la legge della grazia, la legge che governa l'universo, inizia allora ad operare nella nostra vita quotidiana.

La legge della grazia mette in moto un processo di crescita sia verticale che orizzontale. Sviluppiamo la facoltà di trasformare ogni ostacolo in una benedizione, un altro gradino da salire per raggiungere un livello più alto, un nuovo genere di vittoria. Questo non significa che i problemi scompaiano o che le situazioni cambino radicalmente. Non aspettatevi che la realtà esterna cambi, ma senza dubbio ci sarà una nostra trasformazione interiore.

La grazia è un "fenomeno sconosciuto", che scaturisce da una sorgente per noi incomprensibile. Per riuscire in un progetto, abbiamo bisogno di questo fattore chiamato Grazia. Ad esempio, possiamo avere un progetto ma non avere la grazia per riuscire a concretizzarlo. Questo accadde il 25 maggio 1961, quando John F. Kennedy annunciò la sua intenzione di inviare un essere umano sulla Luna e farlo poi tornare sulla Terra. Kennedy sapeva che nella ricerca spaziale la competizione tra le varie nazioni era accanita e voleva che gli Stati Uniti fossero il primo paese a portare un uomo sulla Luna. Tuttavia il suo desiderio si realizzò solo nel 1969, sotto la presidenza di Richard Nixon.

John F. Kennedy è stato senza dubbio il più popolare presidente degli Stati Uniti, eppure una forza invisibile dietro le quinte decise che l'onore di inviare un essere umano sulla Luna e di riportarlo sulla terra spettasse al presidente Nixon. Simili esempi abbondano nella storia dell'umanità, circostanze che continuano e continueranno a verificarsi in questo modo.

La forza di gravità della terra attira a sé tutti gli oggetti e ne provoca la caduta. Per noi questo fenomeno è una legge universale. Nessuno può negare che nella vita tutto abbia una natura duale: la felicità e il dolore, il successo e il fallimento, i guadagni e le perdite, l'onore e il disonore, l'estate e l'inverno, la pioggia e il sole, etc. In modo analogo, per bilanciare la legge esterna della gravità che attira ogni cosa verso il basso, deve esserci una legge interiore che ci aiuti a elevarci e a innalzarci sopra tutte le situazioni. Si tratta della legge della grazia. Amma dice che finché portiamo il peso dell'ego, il vento della grazia non può sollevarci.

Mentre un circolo vizioso è legato alle emozioni inferiori, un circolo virtuoso è legato a un livello di coscienza superiore. Amma aiuta le persone a passare da un livello inferiore a un livello più alto di coscienza, creando una catena circolare di individui virtuosi in tutto il mondo.

CAPITOLO 6

Piccoli aggiustamenti, grandi cambiamenti

C'è una bella citazione di Aristotele che dice: "È facile arrabbiarsi, chiunque può farlo, ma arrabbiarsi con la persona giusta, con la giusta intensità, al momento giusto, per un buon motivo e nel modo giusto, non è da tutti e non è facile".

In una società incentrata sul denaro e orientata al risultato, dominata da un'intensa bramosia e da un desiderio inesauribile, è comprensibile che Aristotele non venga preso sul serio. Tuttavia, una persona intelligente e di indole contemplativa non può negare la profondità filosofica, la grande consapevolezza e la preziosa verità spirituale che si celano nelle sue parole. Chiunque sia capace di assimilare il senso di tali parole e agire di conseguenza, vedrà accadere nella propria vita un meraviglioso cambiamento.

In molti paesi e culture, i sistemi teorici e pratici di management sono in piena evoluzione. È tempo che tale trasformazione avvenga perché, in caso contrario, gli esponenti del mondo aziendale, intellettualmente, emotivamente e fisicamente logorati, potrebbero rischiare un esaurimento nervoso. Molte di queste persone si lamentano che la loro vita è diventata meccanica e monotona, che la spontaneità è scomparsa, che mancano la gioia e l'aspetto ludico.

Penso che l'essenza della citazione di Aristotele si possa riassumere in tre parole: essere consapevoli, rimanere testimoni e ascoltare. Le ultime due, la capacità di rimanere testimoni e di ascoltare, dipendono dal nostro livello di consapevolezza. Non pensate che vi stia suggerendo di esercitare questi atteggiamenti in modo agonistico, anche solo un po' di pratica è sufficiente per ricevere grandi benefici.

In uno dei versetti della Bhagavad Gita, Krishna dice ad Arjuna:

"Svalpam Apyasya Dharmasya Trayate
Mahato Bhayat..."

"È sufficiente mettere in pratica in una certa misura le verità spirituali per vincere le più grandi paure".

Noi accumuliamo e cerchiamo di assimilare una grande quantità di informazioni da siti web, blog, quotidiani on-line, libri, riviste e numerose altre fonti. A cosa servono tutte queste informazioni se non ci assicurano una solida base, un appoggio stabile per affrontare con forza interiore, comprensione e profondità le sfide della vita?

E non ci limitiamo ad accumulare informazioni: ci sono individui che collezionano tutto quello che trovano e che hanno profondamente radicata in loro l'abitudine di accumulare. Queste persone possono arrivare a raccogliere i vecchi pezzi di una motocicletta buttati via: un manubrio, un sedile, una ruota rotta, un pedale, una spia luminosa inutilizzabile, il manubrio di un'altra moto di una marca diversa. Accumulano tutti questi rifiuti fino a riempire completamente la loro unica stanza. Se chiediamo a qualcuno di loro: "Perché raccogli tutta questa spazzatura?", riceviamo questa risposta: "Un giorno metterò insieme i pezzi e mi costruirò una motocicletta". In realtà, questo non succederà mai e questa persona morirà senza aver rea-lizzato il suo castello in aria.

Intendo dire che limitarsi a raccogliere informazioni senza mettere nulla in pratica appesantisce soltanto il nostro carico, indebolisce il nostro potenziale mentale e confonde la nostra visione e il nostro pensiero.

Le parole di Aristotele indicano un percorso ben tracciato che porta al successo, alla fama e al potere. Aristotele consiglia di arrabbiarsi con la persona giusta, con la giusta intensità, al momento giusto, per un motivo legittimo e in modo appropriato. Tutti i leader, i manager e gli amministratori delegati non dovrebbero forse cercare di coltivare tale facoltà?

Per mettere in pratica questo consiglio è necessario assumere un atteggiamento da testimone, cioè prendere le distanze dal progetto in corso, guardandolo dalla prospettiva di un osservatore esterno. Una volta che avremo acquisito questa capacità d'inestimabile valore, coglieremo molti aspetti importanti, e fino ad allora invisibili, del mondo che ci circonda. È come sollevare il coperchio di uno scrigno che cela un tesoro o aprire un dono di inestimabile valore.

Nelle scritture indiane, questo atteggiamento da testimone è chiamato *Sakshi Bhava*. È come se, per qualche tempo, ci innalzassimo consciamente sul piano astrale, accedendo a un livello di coscienza da cui avere una visione migliore delle nostre azioni e di quello che accade attorno a noi.

Per quanto riguarda l'ascolto, non si tratta solo di sentire quello che dicono gli altri, ma anche di ascoltare la propria coscienza. La nostra coscienza non mente mai. Se le diamo ascolto, quindi, ci aiuterà certamente a prendere le decisioni migliori.

Le Scritture indiane ci esortano ad ascoltare, riflettere e mettere in pratica. L'ascolto è il primo passo. Se state leggendo un libro o assistendo a una conferenza, non prendete appunti, ascoltate semplicemente, bevete ogni parola. Il secondo passo, la riflessione, è un ascolto interiore: usate la vostra ragione per analizzare in profondità quanto avete ascoltato.

Una tale disciplina ci porta a vivere in modo autentico e ad assimilare quello che stiamo studiando. Seguendo sinceramente questa via, permetteremo al nostro sesto senso, la mente intuitiva, di risvegliarsi. Chi cerca la verità può andare oltre e immergersi in uno stato di pura beatitudine.

Albert Einstein diceva: "La mente intuitiva è un dono sacro e la mente razionale è il suo servo fedele. Abbiamo creato una società che onora il servo ma ha dimenticato il dono".

Il nostro livello di consapevolezza è così basso che ci identifichiamo con il mondo oggettivo, dimenticandoci completamente di quello soggettivo. Pertanto, quando qualcosa va male all'esterno, la nostra mente "va in tilt": quando crolla il mercato azionario, crolliamo anche noi, se non riusciamo in qualcosa, viviamo questa situazione come una sconfitta interiore che influisce negativamente sulla nostra vita e sul nostro modo di pensare. Siamo troppo vicini, ci identifichiamo troppo con il problema e perdiamo la visione d'insieme, la chiarezza mentale e il discernimento.

Per avere una visione chiara di una situazione, dobbiamo allontanarci e guardarla da una certa distanza. Mettete i palmi delle mani sugli occhi e cercate di osservarne le linee: non ci riuscirete, tutto sembrerà confuso. Se invece tenete le mani a circa quarantacinque centimetri di distanza dal viso, ne vedrete chiaramente tutte le linee. Lo stesso accade con le situazioni e con le persone: per mettere a fuoco tutti i dettagli e avere una visione più approfondita di una questione, è necessario un aggiustamento interiore, dobbiamo sintonizzarci sulla giusta frequenza, proprio come abbiamo riposizionato i palmi delle mani alla giusta distanza per vederne ogni linea.

Quando ci identifichiamo troppo con le nostre idee e strategie, perdiamo la visione d'insieme. Il distacco ci permette invece di affrontare efficacemente e di gestire con intelligenza le diverse sfide che la vita ci propone.

Amma fa un esempio: "Immaginiamo che il nostro vicino perda un parente stretto. Andiamo da lui, cerchiamo di consolare la famiglia e citiamo persino le scritture che dicono che la morte è inevitabile. Poiché siamo soltanto testimoni della situazione, non ci identifichiamo con il problema e riusciamo a mantenere una certa distanza. Se a morire è invece un membro della nostra famiglia, non siamo capaci di mettere in pratica ciò che abbiamo predicato perché siamo troppo vicini al problema, diventiamo un tutt'uno con esso e perdiamo il nostro equilibrio emotivo. Dobbiamo trovare il modo di rimanere equilibrati e distaccati".

Non possiamo cambiare una situazione né una persona, non abbiamo il controllo del futuro né possiamo ottenere una sicurezza perfetta da qualcosa di esterno. La sola soluzione è acquisire la capacità di utilizzare il nostro mondo interiore per andare oltre una situazione, osservandola da un più alto livello di coscienza.

Questa è l'essenza dell'insegnamento della Bhagavad Gita. Mi domando se Peter Drucker volesse dire questo quando affermò: "Non si può gestire il cambiamento. Si può solo precederlo".

Prendiamo il caso di uno studente liceale indiano che desideri diventare un medico. La pressione che il giovane subisce per rispondere alle aspettative dei suoi genitori è enorme. Gli esami finali determinano tutto il suo futuro professionale. In base ai voti ottenuti, lo studente potrà accedere alla facoltà di medicina, di ingegneria, di economia o a un percorso professionale che non prevede studi superiori. Riuscire a superare gli esami è così importante che le delusioni sono inevitabili. Solo la preparazione dipende dallo studente, non il risultato. Ciò nonostante, tutti i giovani che si presentano alle prove finali e tutti i loro genitori, in tutta l'India, attraversano un periodo di grande tensione. È una vera sofferenza.

Invece di sentirci oppressi dalla paura, dall'ansia e dallo stress o di tormentarci pensando all'esito degli esami, non sarebbe meglio usare il buon senso e concentrarci su quello che è in nostro potere? L'azione è nel presente, è nel presente che dobbiamo mettere tutta la nostra attenzione. Questa è la sola cosa sotto il nostro controllo. Non abbiamo nessun potere sull'avvenire: questa è una semplice verità.

Quando i genitori aiutano il proprio figlio a capire questo, tale consapevolezza non lo libera forse dalla tensione? In tal modo, tutti loro non possono forse investire più energia nel compito imminente, che si tratti d'insegnare o di studiare? Se i genitori e i figli non sono attaccati al risultato e accettano il futuro imprevedibile, le cose semplicemente fluiscono. Se potete, quando agite dimenticate il frutto dell'azione: il peso che portate sulle spalle si alleggerirà e riuscirete a restare rilassati e concentrati.

Qualunque sia l'ambito della vostra attività o il compito che state svolgendo, è utile praticare l'arte di restare testimoni, l'arte del distacco. Questo atteggiamento migliorerà la produttività della vostra azienda e le vostre capacità manageriali. Incoraggiate anche i vostri dipendenti a seguire questa via. G.K. Chesterton ha detto: "Gli angeli volano alto nel cielo perché si prendono alla leggera". Per diventare più leggeri e librarci verso nuove vette, riduciamo il peso dell'ego, il fardello degli attaccamenti superflui.

Prendiamo ad esempio una situazione potenzialmente conflittuale. Anni fa ho imparato da Amma quanto sia importante "essere testimone" di ciò che mi circonda. Ora capisco che, in effetti, siamo spettatori del dramma incredibile e complesso della vita umana. Ci può accadere di entrare in scena, ma per la maggior parte del tempo il nostro ruolo consiste nel restare seduti in poltrona a osservare quello che succede.

Quando assumiamo questa visione dall'alto, siamo in grado di apprezzare tutti i punti di vista, di considerare tutte le prospettive, di pensare in modo veramente globale.

Un giorno ho sentito Amma affermare: "Per salvare una persona che sta annegando, si deve mantenere una certa distanza mentre la si trascina fuori dall'acqua, tenendola per i capelli. In caso contrario, la persona che sta per annegare trascinerà sott'acqua anche il suo soccorritore e moriranno entrambi".

Quando siamo distaccati rispetto al risultato, le possibilità di raggiungere l'obiettivo aumentano. In modo analogo, sviluppare un certo grado di non attaccamento mentre adempiamo i nostri doveri nella vita ci aiuterà a restare vigilanti e consapevoli in ogni circostanza. Per citare Amma: "Un uccellino appollaiato su un ramo secco può cinguettare, mangiare e persino dormire, ma è pronto a spiccare il volo in qualsiasi momento. Al minimo soffio di vento, l'uccello aprirà le ali e volerà via perché sa che il ramo potrebbe spezzarsi in ogni istante".

Ecco una storia che illustra questo atteggiamento da testimone. Un regista francese, Jan Kounen, ha realizzato un film-documentario su Amma dal titolo *Darshan, l'abbraccio*. Il film, presentato ufficialmente a Cannes nel 2004, è stato proiettato al festival il 18 maggio di quell'anno. Gli organizzatori avrebbero voluto che Amma fosse presente, ma lei non voleva annullare i programmi già fissati, quindi declinò gentilmente l'invito e mi chiese di rappresentarla. Mi recai così a Cannes come suo emissario.

Durante il mio soggiorno, dovetti entrare in contatto e socializzare con molte persone del mondo dello spettacolo. Mi ritrovai dunque a fare conversazione con i miei nuovi amici del cinema e partecipai a numerose feste, due delle quali su yacht lussuosi e altre in alberghi a cinque stelle, sempre mantenendo il mio atteggiamento da testimone.

Quando tornai in India, tutti erano curiosi di ascoltare i miei racconti. "Allora, che effetto ti ha fatto camminare sul tappeto rosso e partecipare al festival di Cannes?" Certamente, poiché sono un *sanyasi* (monaco), pensavano che fosse strano per me trovarmi lì. Ma io rispondevo: "Ero solo un messaggero. Sono intervenuto e ho partecipato al festival come Amma, il mio superiore, mi aveva chiesto. Dovevo assolvere a questo compito con grande sincerità e amore e così ho fatto. Essendo pienamente consapevole del mio ruolo di emissario, sono potuto restare come un semplice spettatore per tutto il tempo".

Quando ci viene chiesto di rivestire un ruolo, dobbiamo fare del nostro meglio, senza identificarci con esso. Prima della proiezione del film, avevo tre minuti per presentare Amma e le sue attività umanitarie a un vasto pubblico di persone che non avevano mai sentito parlare di lei. Ignoravo anche le loro inclinazioni spirituali.

Forse nella storia del festival del cinema di Cannes è stata la prima volta che un monaco induista ha presentato la proiezione di un film e rappresentato l'*eroina*! All'evento assistevano persone che venivano da ogni parte del mondo. La maggior parte di loro lavorava nell'industria cinematografica o amava quel mondo, altri erano venuti per vedere le star. La mia situazione era molto delicata.

Mi chiedevo come fare per presentare Amma in modo adeguato. Parlare dell'amore per Dio, dell'abbandono a Lui, etc. era fuori discussione. Come potevo aiutare i presenti a stabilire un legame con Amma?

Il mio timore più grande era che il pubblico, vedendo un monaco vestito di arancione rappresentare l'eroina, assumesse un atteggiamento critico e finisse col rifiutare l'intero film. Ecco cosa sarebbe potuto accadere se non avessi fatto attenzione. Chiusi gli occhi per qualche secondo in contemplazione. All'improvviso, mi venne un'idea. Quando andavo a scuola e frequentavo il college, sognavo di diventare un attore e un musicista. Per essere onesto, quelle erano le mie priorità nella vita. Davanti a quella sala gremita, dissi: "Cari fratelli e sorelle, ventisei anni fa, prima di diventare un monaco, il mio scopo nella vita era fare l'attore, ma è accaduto qualcosa che mi ha portato verso il mio maestro,

Sri Mata Amritanandamayi Devi, conosciuta in tutto il mondo come Amma".

Nel momento in cui dissi quelle parole, si instaurò un legame. La folla rise e applaudì. Questo mi diede sicurezza e continuai: "È un immenso piacere trovarmi qui di fronte a così tante menti creative e poter rappresentare Amma. Amici, attraverso la vostra arte, avete la capacità di esercitare una grande influenza e trasformare le persone in tutto il mondo. Anche Amma trasforma le vite delle persone attraverso atti di amore e di compassione, degli atti semplici ma molto profondi". Il pensiero logico o l'analisi non mi furono di aiuto. Ad aiutarmi furono la contemplazione, il distacco, il ruolo di messaggero.

La proiezione ebbe successo, la sala era piena e credo che il film sia stato apprezzato. Prima di incontrare Amma, il sogno della mia vita era fare l'attore. Ciò nonostante, in quel momento non mi esaltai per la risposta della folla né mi rammaricai che la mia vita avesse seguito un altro corso.

Sono convinto che la via che ho scelto e che mi è stata offerta sia superiore a tutte le altre. Tuttavia, ecco che questo desiderio a lungo coltivato si era concretizzato per qualche istante. Nel mondo del cinema, partecipare al festival di Cannes è un grande onore, un momento memorabile, tutti sognano di andarci. Se la trasformazione che mi ha portato a scegliere la mia vita attuale non fosse avvenuta, avrei esultato e avrei considerato questa occasione un'opportunità molto importante nella mia vita. Forse questa situazione avrebbe potuto persino darmi alla testa. Tuttavia, qualcosa in me era cambiato, il mio mondo interiore era cambiato. A Cannes io ero solo un messaggero venuto per portare a termine una missione.

Gli stati emotivi estremi pregiudicano il nostro successo. È importante, quindi, mantenere una distanza interiore. È stata la capacità di rimanere osservatore di queste nuove esperienze a permettermi di andare alle feste e di partecipare al festival rimanendo calmo, composto e rilassato, capace di rispondere in modo adeguato alle situazioni. E, soprattutto, pur trovandomi di fronte a un mondo il cui centro d'interesse non aveva nessun legame con la mia vita, sono riuscito a svolgere bene il mio compito utilizzando al massimo il mio potenziale interiore.

Forse questa esperienza faceva parte di un disegno superiore per aiutarmi a esaurire eventuali residui karmici rimasti dentro di me, in modo da rendere più facile il mio viaggio interiore. La cosa più importante è che il cambiamento nella mia percezione mi ha permesso di vedere l'intero avvenimento sotto una luce positiva e di riuscire nella mia missione.

L'atteggiamento del messaggero ci dà la capacità interiore di prendere una certa distanza dalle cose e ci consente di comprendere meglio le situazioni, aumenta la nostra precisione, rende più ampia la nostra visione e migliora i nostri risultati. Quando questa facoltà interiore si radica più profondamente in noi, acquisiamo una nuova forza che ci consente di superare le emozioni più basse. Diventiamo il maestro, mentre la nostra mente e le nostre emozioni diventano i nostri servitori. Le tentazioni che vengono dall'esterno non hanno più presa su di noi. Come dirigenti, acquisiamo maggiore vitalità, stabilità e perspicacia. La nostra capacità di adattarci a ogni situazione ed esperienza aumenta notevolmente. Allo stesso modo, quando rimaniamo imperturbabili davanti alle vicissitudini della vita, la nostra capacità di pensare, decidere e agire migliora. La posizione del testimone ci dona automaticamente più possibilità di successo.

Un aspetto che merita di essere evidenziato è l'immensa capacità di Amma di vedere e di valutare qualsiasi situazione in modo imparziale, senza attaccamento. La maggior parte delle persone pensa che il distacco sia un atteggiamento negativo. Nella vita ordinaria, si crede che l'attaccamento sia ciò che dà gusto alla vita, anche se raramente porta alla felicità. Al contrario, sono l'abilità con la quale Amma cambia ruolo e la velocità e la facilità con cui passa da un ruolo all'altro a rendere la sua personalità così attraente e ispirante. Quando cambia ruolo, Amma dimentica completamente il momento precedente, il ruolo che aveva assunto un attimo prima, ed è perfettamente concentrata sul presente. Mentre interagisce e dà istruzioni ai componenti del suo gruppo, nulla può turbare la sua calma e la sua tranquillità interiore. In nessuna circostanza vedrete mai Amma esprimere un giudizio su una persona o su una situazione. Anche quando si mostra severa, il suo essere interiore non è turbato da questo atteggiamento, dall'emozione che esprime e che lascia poi cadere, come una maschera, con grandissima facilità e prontezza. Amma è rapidissima a prendere le decisioni e, quando passa all'azione, fa sempre attenzione a ogni dettaglio.

CAPITOLO 7

L'ago e le forbici

In un articolo apparso sul Mail Online, Amanda Williams scrive: "Grandi leader si nasce, non si diventa. Gli scienziati affermano che il cervello dei grandi leader funziona in modo diverso. Alcuni studi condotti da un eminente studioso di un'accademia militare avrebbero dato una risposta al quesito se i grandi uomini siano un prodotto della natura o dell'educazione. I risultati indicano che le persone più efficienti sono una razza a parte e che le loro connessioni cerebrali sono diverse da quelle della maggior parte della gente. Questa scoperta potrebbe rivoluzionare il modo in cui le organizzazioni valutano e formano i loro leader: attraverso una scansione del cervello, si potrebbero individuare le persone che sin dall'infanzia possiedono il "gene della leadership" e offrire loro una formazione adeguata. Sembra che gli individui che hanno maggiore successo abbiano più materia grigia nei punti del cervello che controllano il processo decisionale e la memoria, il che li avvantaggia quando si tratta di fare la scelta giusta. Alcuni sono veramente dei leader nati. Le persone che si trovano nella parte iniziale della curva a campana della leadership cominciano molto bene e tendono a migliorare ancora con l'esperienza.

Gli individui che si trovano invece alla fine della curva, il 10-15% della popolazione, sebbene si sforzino, non saranno mai dei buoni leader: molto semplicemente, non sono fatti per questo. Infine, la parte centrale della curva, la più ampia, è quella in cui si trova la maggior parte di noi ed è il serbatoio a cui attingere per "formare" dei leader. La maggioranza dei miei intervistatori non crede a queste affermazioni, ma la verità è che molte delle persone che iniziano con un pizzico di capacità dirigenziale innata possono col tempo diventare ottimi leader, raggiungendo persino l'eccellenza".

Per spiegare meglio questo concetto, la curva a campana si riferisce alla cosiddetta "distribuzione Gaussiana", o "distribuzione normale". La curva ha proprio una forma a campana: rispetto alle due estremità, la parte centrale è più alta. Si dice che questa curva descriva con chiarezza il rendimento scolastico degli studenti. All'inizio della curva, si trova la piccola percentuale di studenti che ottengono la votazione più alta: A+. Subito dopo, la percentuale leggermente più alta di quelli che ottengono la votazione A. La parte più alta della curva corrisponde alla votazione C: la sufficienza. Purtroppo, una certa percentuale di studenti è destinata al fallimento. Questi soggetti si trovano nella parte finale della curva, che corrisponde alla votazione F: l'insufficienza. Se rappresentata graficamente, questa distribuzione ha chiaramente la forma di una campana.

Mentre si discute della differenza tra le capacità dei leader nati e le qualità di quelli che lo sono diventati, non sarebbe giusto dimenticare una terza categoria di leader: quelli che hanno qualità divine. Anche a migliaia di anni dal loro passaggio sulla terra, queste figure eccezionali, queste guide, sono ancora ricordate, ammirate e onorate da milioni di persone in tutto il mondo.

È impossibile misurare l'importanza di queste figure, tanto profonda e potente è l'impronta che esse hanno lasciato nel cuore degli uomini. Possiamo solo meravigliarci di fronte alla loro capacità di ispirare gli altri e di produrre una trasformazione, al loro incredibile lavoro, al loro amore incondizionato e alla loro compassione per tutta l'umanità e per le altre forme di vita, così come davanti al potere delle loro parole e al magnetismo del loro essere. Queste figure sono amate e ricordate come eroi e eroine, modelli perfetti in tutti gli ambiti della vita. Il numero dei fedeli e degli ammiratori di queste guide divine è senza pari; nessun leader politico, nessuna celebrità e nessun altro essere umano famoso hanno avuto, hanno o avranno mai un tale seguito.

Amma dice: "L'intelletto, o la logica, assomiglia a un paio di forbici, mentre il cuore è come un ago. L'intelletto taglia tutto a pezzi e il cuore ricuce questi pezzi tra loro. Per confezionare un abito, non basta tagliare bene una stoffa, bisogna anche ricomporre e cucire assieme le diverse parti. In realtà, abbiamo bisogno sia dell'intelletto che del cuore: dell'intelletto per pensare e del cuore per tenere uniti i pensieri. Insieme, avvolgeranno e proteggeranno la nostra vita, altrimenti la nostra esistenza rimarrà scissa in parti, utili ma anche dannose".

Poiché siamo guidati principalmente dalla logica e dall'analisi, ci è difficile comprendere una guida del calibro di Amma. Dimentichiamo la verità che la natura stessa della vita non è logica. Il nostro mondo sembra essere vittima della "sindrome del millepiedi". C'è una poesia che descrive perfettamente la situazione in cui si trova attualmente l'umanità:

> *Un millepiedi viveva assai felice e quieto.*
> *Un giorno un rospo gli chiese con tono faceto:*
> *"Scusa, ma come fai a camminare così bene*
> *con tutti quei piedi che si muovono assieme?"*
> *Così tanti dubbi la domanda gli sollevò*
> *che il millepiedi, esausto, nel fossato sprofondò.*
> *Non sapeva più come camminare*
> *senza rischiare d'inciampare.*

L'autore di questa poesia è ignoto ma una favola di Esopo tratta lo stesso argomento, sostituendo la figura del coniglio a quella del rospo. Riferendosi a questi versi, uno psicologo inglese di nome George Humphrey (1889–1966) ha affermato che questo poema contiene una verità psicologica molto profonda, che si ritrova nella vita quotidiana di ognuno di noi.

Chiunque voi siate, qualunque cosa stiate facendo, sarebbe insensato dipendere esclusivamente dall'intelletto e dalla logica per vivere. La logica ha un suo ruolo, tanto quanto l'ignoto. Un intellettuale, con la sua forte tendenza ad analizzare tutto con la logica, sarà incapace di aiutare qualcuno che si trovi in una situazione tragica come quella del millepiedi. Analizzando più profondamente questa poesia, ci accorgiamo che essa ci racconta che gli esseri umani si trovano di fronte a un dilemma simile. L'unica differenza è che non abbiamo bisogno di nessuno che ci ponga la fatidica domanda perché la nostra mente formula tutte le domande e le risposte, creando il suo proprio monologo! Il problema è che, nella maggior parte dei casi, la mente non conosce le domande appropriate e, di conseguenza, le risposte sono inevitabilmente sbagliate e ci impediscono di andare avanti nella giusta direzione.

Per organizzare ordinatamente la nostra vita e gestire le nostre attività quotidiane, abbiamo sicuramente bisogno di regole. Tuttavia, dobbiamo capire che la vita non è un'equazione matematica. La mente ha due compartimenti: uno meccanico e uno naturale. In altre parole, una parte agisce come una macchina, mentre l'altra è spontanea. Si tratta, pertanto, di dare alla logica e all'aspetto misterioso della vita la stessa importanza, altrimenti, sotto un'apparenza metodica, ci sarà uno squilibrio interiore.

Dopo aver ripetuto un'azione più volte, subentra l'abitudine e iniziamo ad agire meccanicamente, senza consapevolezza. In effetti, la maggior parte delle persone preferisce vivere così, perché questo evita loro, in una certa misura, lo sforzo di pensare. Svolgiamo meccanicamente attività quotidiane come lavarci i denti, fare la doccia, mangiare, il più delle volte parlare e quello che chiamiamo "ascoltare".

La parte meccanica della nostra mente può essere utile per eseguire alcuni compiti, non permettiamole però di prendere il sopravvento. Come dice Amma: "Nel mondo di oggi, non si dà alle persone la giusta importanza, l'unica cosa che conta sono le competenze. Gli esseri umani vengono ridotti allo stato di macchine". Per contro, la parte spontanea della mente è un'energia pura, limpida, più vicina alla totalità. Una volta che abbiamo stabilito una connessione con questa parte della mente, essa viene in nostro soccorso in molte situazioni difficili, non solo nella vita personale e famigliare ma anche in quella professionale.

Una delle qualità più importanti di un buon leader è la capacità di vedere cosa si cela sotto la superficie in tutte le situazioni, in ambito sia famigliare che professionale. In altre parole, si tratta di sviluppare un talento particolare che ci permetta, se necessario, di passare dalla parte meccanica della mente a quella spontanea. Qual è la differenza tra i due sistemi? Potremmo paragonarla alla differenza che c'è tra aprire forzatamente i petali di un fiore e lasciare che si aprano naturalmente. Amma dice che quando cerchiamo di aprire con la forza un bocciolo, il suo profumo e la sua bellezza vengono distrutti. Se gli permettiamo invece di schiudersi naturalmente, la bellezza e il profumo del fiore si manifesteranno pienamente.

La vita sboccia solo quando combiniamo nelle stesse proporzioni l'aspetto logico e quello misterioso. Il problema nasce quando rimaniamo bloccati nella testa e dimentichiamo di affidarci al cuore. Dovremmo acquisire la capacità di usare sia la testa che il cuore, senza privilegiare l'una o l'altro, così come accordiamo uguale importanza alle nostre gambe. Se considerassimo la gamba destra più importante della sinistra, o viceversa, finiremmo col restare paralizzati. Quando volete applicare la logica, fatelo completamente, e quando volete essere nel cuore, siatelo fino in fondo.

Questo significa vivere ogni momento, vivere nel presente. Viviamo in un mondo in cui le persone hanno paura di sorridere o persino di dire una parola gentile perché la mente traduce tutto in termini di denaro.

"Se ascolto i suoi problemi, se gli sorrido o gli dico una parola di conforto, finirà per chiedermi un aiuto economico".

Ci sono persone che aiutano gli altri quando gli viene chiesto, ma la maggior parte della gente non si offre spontaneamente. Un vero leader non esita a tendere la mano a chi si trova nel bisogno, lascia parlare il suo cuore pieno d'amore e di compassione e non si chiede se questo modo di agire sia logico.

Ecco un esempio di come Amma anteponga il cuore alla logica. Era il 1989, da molto tempo accarezzavamo l'idea di costruire una sala di preghiera sul terreno dove vivevamo: un vecchio sogno stava finalmente per realizzarsi.

Gli amministratori di un orfanotrofio vicino a Kollam, in Kerala, si trovavano da anni in grande difficoltà per provvedere ai bisogni dei bambini affidati alle loro cure. Avevano dato fondo a tutte le risorse e, non trovando un'altra soluzione, stavano per mettere sulla strada gli orfani e i bambini di famiglie svantaggiate che vivevano nell'orfanatrofio. Fu allora che qualcuno suggerì a queste persone di rivolgersi ad Amma e di spiegarle questa terribile situazione prima di arrivare a una decisione così estrema.

E così fecero. Ascoltando il loro disperato racconto, Amma decise immediatamente di devolvere a favore dell'orfanatrofio i fondi destinati alla costruzione del tempio, il primo vero e proprio edificio in muratura, del suo centro spirituale. In tal modo, posò la prima pietra di un altro tempio: un tempio di compassione.

Amma avrebbe potuto pensare che un tempio fosse più importante di un orfanotrofio, tanto più che questa istituzione aveva tantissimi debiti. Inoltre, in India la maggior parte della gente ama molto i templi e, di conseguenza, chi fa una donazione per costruire un tempio o una sala di preghiera desidera che questo denaro sia destinato interamente a quello scopo. Se Amma avesse preso una decisione logica e calcolata, avrebbe spiegato che il tempio era atteso da tanto tempo e che i fondi erano stati raccolti a quello scopo. Tuttavia, la sua decisione scaturì spontanea dal cuore e, invece di essere usato per la costruzione del tempio, il denaro fu messo a disposizione dell'orfanotrofio.

L'orfanotrofio esiste tuttora ma, da quando Amma ha assunto la responsabilità degli edifici, dei terreni e dei bambini, è diventato irriconoscibile. Quando i volontari di Amma arrivarono sul posto, videro le conseguenze della disastrosa situazione finanziaria: bambini malnutriti e abbandonati a loro stessi, edifici fatiscenti. Si diceva anche che i bambini compiessero cattive azioni, che rubassero e venissero usati da certi criminali per i loro scopi egoistici.

Oggi questi bambini possono studiare e giocare in un ambiente sicuro e protetto. Questa istituzione è diventata una delle scuole più rinomate del Kerala, i suoi studenti non eccellono solo nelle materie scolastiche ma anche nella musica, nello sport e nella danza. Accade spesso che i ragazzi dell'orfanatrofio vincano il primo premio nelle competizioni locali e nazionali. L'organizzazione di Amma si assicura anche che nel corso degli studi questi giovani acquisiscano una solida cultura del cuore. Più del 35% di loro prosegue negli studi superiori, interamente finanziati dalla nostra ONG.

Booker T. Washington ha detto che il successo nella vita è basato sull'attenzione alle piccole cose piuttosto che a quelle più grandi, alle cose della nostra vita quotidiana, così vicine a noi, piuttosto che a ciò che è lontano e insolito.

Ecco una storia, bellissima e vera, a proposito di Joseph Rudyard Kipling, il famoso scrittore e poeta inglese. Kipling aveva acquistato una fattoria su un terreno collinare ed era solito trascorrervi le vacanze con la moglie, per riposarsi dall'intensa vita cittadina.

Un giorno i coniugi uscirono per una passeggiata e incontrarono una vecchia signora, curva per l'età, che zoppicava appoggiandosi a un bastone. L'anziana si godeva beata l'aria fresca e il sole del mattino. Vedendo Kipling e la moglie, la donna chiese loro: "Siete voi che avete acquistato la fattoria in cima alla collina?"

Togliendosi cortesemente il cappello, Kipling rispose: "Sì, signora".

"Abitate là ora?" chiese lei con voce tremante.

Questa volta fu la signora Kipling a rispondere: "Sì, nonna".

"Allora sono senz'altro vostre le finestre che brillano nella notte!", disse la donna.

"Sì!"

"Oh grazie, grazie!", esclamò l'anziana signora, "Non sapete, non potete immaginare che conforto siano per me quelle finestre illuminate! Sapete, io sono vecchia e sola. La luce delle vostre finestre mi conforta e mi rallegra".

"Mi fa veramente piacere", disse calorosamente Kipling, "lei ci fa sentire che siamo i benvenuti nel vicinato".

"Spero vi fermiate a lungo", rispose ansiosamente la donna, "e che torniate qui spesso".

"Lo speriamo anche noi, signora" disse Kipling.

"Bene", concluse felice la donna, "continuate a lasciare accese le luci, significano molto per me!"

"Glielo promettiamo" dichiarò l'illustre scrittore.

Dopo qualche giorno, al termine della loro breve vacanza, prima di partire, questi premurosi coniugi diedero istruzioni a chi si occupava in loro assenza della casa di togliere le tende dalle finestre e di lasciare sempre accese le luci di notte.

Amma dice: "Piccoli gesti d'amore, una parola gentile, una semplice azione piena di compassione, creano un cambiamento in noi e negli altri". Iniziamo dunque da piccoli atti d'amore e di gentilezza.

Chanakya, professore di economia e di scienze politiche all'antica Università di Takshashila, autore dell'antico trattato politico indiano *Arthasastra* (Economia), afferma: "Il profumo di un fiore si diffonde solo nella direzione del vento, ma la bontà di una persona si propaga in tutte le direzioni".

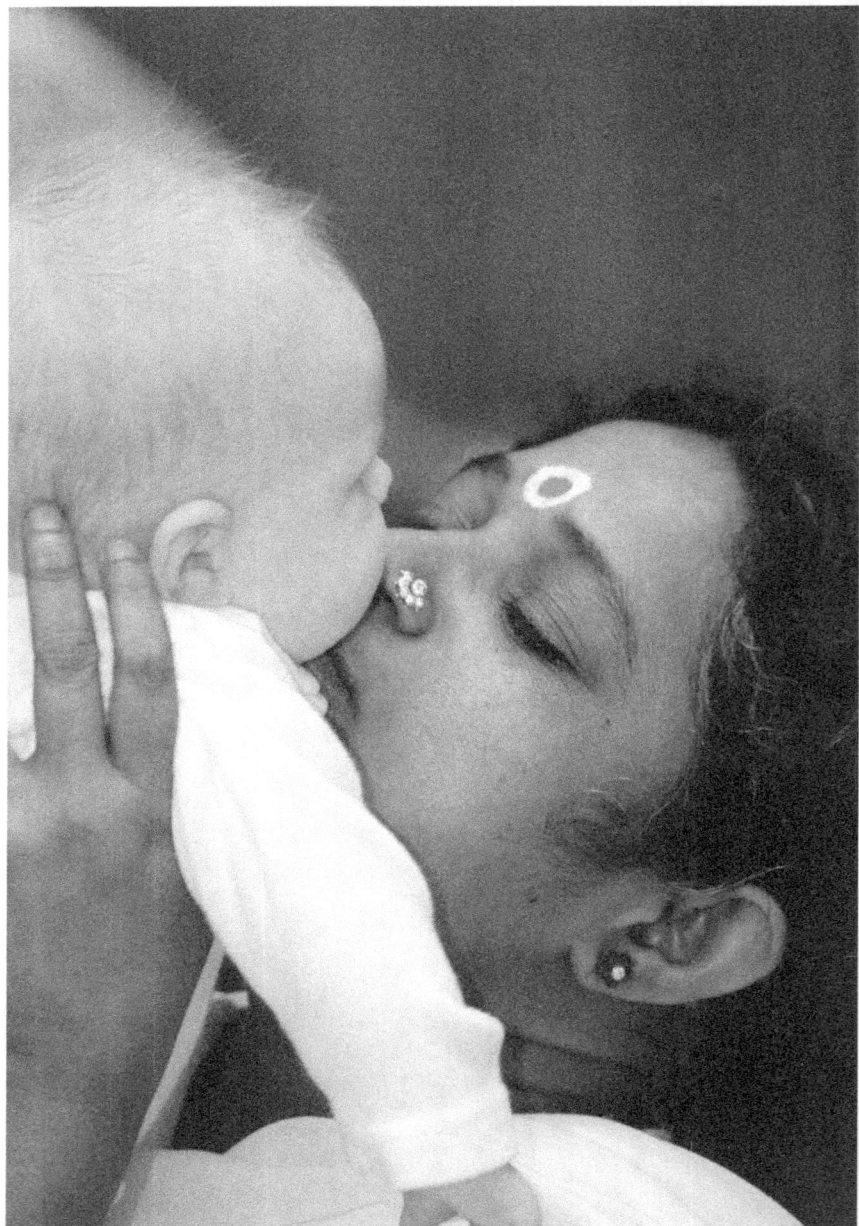

CAPITOLO 8

Come il corso di un fiume

Quando qualcuno chiede ad Amma se le tante persone che la circondano sempre siano suoi devoti o suoi discepoli, lei risponde: "Qui ci sono solo una madre e i suoi figli, non ci sono né guru né discepoli". Solo nel rapporto madre-figlio c'è amore reciproco, paragonabile a un cerchio dinamico che li tiene uniti.

Questo legame personale che Amma crea nei cuori delle persone è uno dei segreti del suo successo. Fra tutte le relazioni umane, quella tra una madre e suo figlio è la più intima, la più potente. L'amore, la libertà, l'umiltà e l'unione che sentiamo alla presenza di nostra madre creano la relazione più spontanea e naturale che si possa immaginare.

Amma si paragona spesso a un fiume e al suo corso: "Io sono come un fiume. Qualcuno si immerge nelle sue acque, altri fanno il bucato, altri ancora lo venerano. Ci sono anche persone che sputano nell'acqua. Il fiume però accetta tutti, non rifiuta nessuno e continua a scorrere".

Immaginate di fare i complimenti per il lavoro svolto a una babysitter o a una domestica: li accetterà con gratitudine. Se però fate lo stesso con vostra madre, se lei riconosce il profondo valore della maternità come dono prezioso di Dio, risponderà: "Non ho fatto abbastanza per mio figlio, posso fare molto di più". Il cuore di una madre desidera fare sempre di più per il figlio. Se una madre si vanta dell'amore e dell'attenzione che ha mostrato per il proprio bambino e dei sacrifici fatti per crescerlo, allora il suo atteggiamento non è molto diverso da quello di una domestica o di una babysitter. In altre parole, la cura e la sollecitudine hanno un prezzo, ma una madre non ha nessuna aspettativa e pensa sempre a quanto può ancora fare per i propri figli.

Amma racconta la storia di una ragazzina ricoverata in ospedale che, nel giorno in cui veniva dimessa, disse al padre: "Le infermiere e gli inservienti sono stati veramente amorevoli e affettuosi con me. A volte sembrava quasi che mi volessero più bene di quanto me ne volete tu e la mamma". A quel punto un impiegato dell'ospedale consegnò al padre la fattura. La ragazzina chiese curiosa: "Che cos'è?" Il padre rispose: "È il conto per tutto l'amore che queste persone ti hanno mostrato".

Om Saha Nau-Avatu|
Saha Nau Bhunaktu |
Saha Viiryam Karava-Avahai |
Tejasvi Nau-Adhii-Tam-Astu Maa Vidviss-Aavahai |
Om Shaantihi Shaantihi Shaantihi |

Questo è un famoso mantra per la pace, tratto dalle Upanishad, che significa:

Om, possa Dio proteggere entrambi (maestro e studente),
possa Dio nutrire entrambi,
possiamo entrambi lavorare insieme con energia e vigore,
possa il nostro studio illuminarci e non creare animosità.
Om, pace, pace, pace.

Questo mantra viene generalmente recitato prima di un discorso religioso o di una lezione sulle scritture. L'unità e l'umiltà, essenza di questo mantra, sono sempre state parte integrante del sistema *gurukula* nell'antica India. Anche se oggi è poco diffuso, questo sistema esiste ancora in alcune zone del paese in una forma molto diversa.

Anticamente, la maggior parte dei *gurukula* era situata in luoghi tranquilli e isolati, immersi nella natura. A quei tempi, molti maestri e insegnanti erano uomini sposati con un elevato grado di consapevolezza e maturità, la loro saggezza e la loro compassione erano infinite. Avevano esperienza e vastissime conoscenze in tutti i rami della scienza e della filosofia. Tuttavia, sebbene fossero stabiliti in uno stato di perfezione e di appagamento, non avevano ego. Ecco perché in questa preghiera la parola "entrambi" è molto significativa. Pur non avendo niente da perdere né da guadagnare, i maestri del passato rimanevano umili e permettevano ai loro discepoli di sentirsi completamente a proprio agio, come a casa propria. L'atmosfera che creavano e il messaggio che trasmettevano era: "Non c'è nessuna differenza tra noi. Io non sono superiore a te, siamo uno, siamo uguali davanti a Dio". Questa semplice ma profonda lezione di "umiltà e unione" aiutava gli allievi a sviluppare un legame con il maestro. Gli studenti potevano così restare completamente aperti a lui, ascoltando le sue parole con mente e cuore ricettivi. Senza un computer portatile, un iPad, un cellulare e senza neppure libri né quaderni, i maestri insegnavano e gli studenti imparavano, perché la loro comunicazione avveniva da cuore a cuore, dal cuore del maestro al cuore dello studente. L'insegnamento più potente veniva trasmesso attraverso l'esempio. Guidati dalla luce dell'umiltà e dell'amore, con la testa e il cuore uniti, il maestro e lo studente lavoravano insieme con un profondo sentimento di unità.

"Ho tre cose preziose che mi tengo strette e che valuto particolarmente. La prima è la gentilezza, la seconda la generosità, la terza l'umiltà, che mi impedisce di mettere me stesso innanzi agli altri. Siate gentili e potrete essere audaci, siate parsimoniosi e potrete essere generosi, evitate di porre voi stessi innanzi agli altri e potrete diventare capi tra gli uomini".

Lao Tzu

Che siate un capofamiglia o dirigiate un'organizzazione o un paese, se il vostro atteggiamento è premuroso e umile, se tendete a sacrificare i vostri interessi e le vostre comodità personali e ad anteporre le necessità altrui alle vostre, avete delle qualità che vi rendono impareggiabili. Verrete allora ricordati, onorati e amati come persone insostituibili. Il vostro nome e le azioni che avete compiuto rimarranno sempre come un faro per l'umanità.

Secondo l'antica tradizione indiana, il re doveva considerare i sudditi come suoi familiari e il paese come la sua casa. L'inquinamento atmosferico e mentale in cui viviamo oggi rende inattuabile questo antico concetto. Anche se non in senso letterale, un leader o l'amministratore delegato di un'azienda dovrebbero considerare le persone che si trovano sotto la loro responsabilità come un'estensione della propria famiglia. Il fattore chiave è il tocco personale, l'umanità.

Durante il tour del 2013 negli Stati Uniti, quando Amma si trovava a Washington DC, la giornalista Laurie Singh le chiese: "Oggi lei è nella capitale degli Stati Uniti. Ha un messaggio per il Presidente Obama e per la sua famiglia?" La risposta di Amma non era rivolta esclusivamente al presidente Barack Obama, ma a tutte le persone che nel mondo occupano una posizione di comando. "Il Presidente appartiene ai cittadini e la sua famiglia è l'intero paese. Possa egli servirlo nel modo migliore, avere una comprensione profonda e la capacità di adempiere ai propri compiti e di prendersi cura della nazione. Possano lui e la sua famiglia essere sempre felici e in pace".

Dave Packard, cofondatore della Hewlett-Packard, ideò il concetto di "Management by Walking Around" (MBWA), messo in rilievo nel libro di Tom Peter *Alla ricerca dell'eccellenza*. Dave Packard spiegò la sua teoria secondo la quale un dirigente deve visitare gli uffici o la fabbrica e interagire con i dipendenti. In tal modo, il dirigente non raccoglie soltanto informazioni sull'ambiente di lavoro, ma fa anche sentire ai dipendenti che sono tenuti in considerazione, creando così un legame tra loro e la direzione.

In effetti, quando viaggiamo in India e all'estero e Amma visita le diverse sezioni dei suoi ashram, suscita in tutti molta allegria. Visita la cucina, i cantieri, la tipografia, l'ospedale caritatevole, la stalla, etc. In Kerala, nel suo ashram principale, ogni martedì Amma serve il pranzo ai residenti e agli ospiti. Mangia assieme a loro, canta e danza con loro e risponde alle loro domande. Di fatto, questi momenti sono parte integrante di tutti i tour di Amma e delle attività che si svolgono ogni giorno. Questa atmosfera di intimità e di cura per la persona rappresenta una grande fonte di sostegno per chi segue Amma. Sono momenti che hanno un effetto magico, stimolano l'entusiasmo delle persone e ne accrescono la consapevolezza. Inoltre, durante i tour all'estero, Amma serve la cena a tutti i presenti, entusiasti di ricevere il piatto direttamente dalle sue mani.

Che sia nel suo ashram principale del Kerala o in una delle altre sedi, a volte Amma esce improvvisamente e inaspettatamente e visita i diversi reparti, controllandoli uno per uno, assicurandosi che tutto sia pulito e in ordine. Queste ispezioni avvengono generalmente di notte, spesso dopo la mezzanotte. Qualunque sia l'ora, non appena Amma esce dalla sua stanza i residenti la circondano e si uniscono al suo giro.

Una notte, durante una di queste sessioni di "Management by Walking Around", Amma calpestò un chiodo in un cantiere: lo raccolse e, sollevandolo in modo che tutti potessero vederlo, disse in tono serio: "Guardate. Non sapete che tra le migliaia di persone che vengono qui ci sono molti lavoratori indigenti che vivono solo grazie alla loro paga giornaliera? E se questo chiodo ferisse il piede di uno di questi poveretti? Ignorando la gravità della ferita, egli potrebbe trascurare di farsi medicare. Essendo lui a guadagnare il pane per tutta in famiglia, se rimanesse a casa, la moglie e i suoi figli rischierebbero di non avere niente da mangiare. L'uomo si sentirebbe quindi obbligato ad andare al lavoro nonostante il dolore. La ferita potrebbe così aggravarsi e persino infettarsi, costringendolo a rimanere a letto per diverse settimane o addirittura per dei mesi. Senza cibo e senza potersi procurare il necessario per vivere, la sua famiglia soffrirebbe. Questo è uno scenario possibile, non è così? Ci avete mai pensato? Se uno dei visitatori rimanesse ferito, ognuno di noi sarebbe responsabile dell'indigenza in cui cadrebbe la sua famiglia. Per negligenza e insensibilità, saremmo la causa della sofferenza di queste persone. Questo è solo un piccolo chiodo, ma potrebbe avere gravi conseguenze nella vita di uno sventurato. Lasciate che vi dica una cosa: se mai un fatto simile accadesse di nuovo, mi assumerò personalmente la responsabilità di spazzare per terra e di rimuovere tutti i rifiuti".

A volte, quando Amma vede sacchi di cemento o pezzi di mattoni abbandonati, si siede a terra, li raccoglie e poi spiega ai residenti dell'ashram come utilizzarli per piccoli lavori, per realizzare delle lastre o dei blocchetti di cemento o per riempire o livellare il terreno.

Quando Amma visita la cucina e l'area in cui si tagliano le verdure, per prima cosa si dirige verso i grandi bidoni della spazzatura e ne ispeziona il contenuto. Qualche volta ci infila persino la mano per assicurarsi che il cibo non venga sprecato. Se trova delle bucce troppo spesse, chiama subito le persone che tagliano le verdure. Mostrando quello che ha trovato, spiega che quando sprechiamo il cibo, sottraiamo o addirittura rubiamo il nutrimento che appartiene di diritto a una famiglia che patisce la fame. Amma mostra poi come tagliare le verdure nel modo giusto.

Alcune persone, mentre camminano o parlano con qualcuno, hanno l'abitudine di cogliere una foglia o un fiore, oppure di staccare un rametto da una pianta o da un albero. Durante i suoi giri notturni, ogni volta che Amma vede qualcuno fare questo lo riprende immediatamente dicendo: "Non capisci, le piante stanno dormendo, è crudele svegliarle. Come ti sentiresti se qualcuno ti scuotesse vigorosamente mentre stai dormendo? Non sarebbe uno choc? La stessa cosa accade alle piante e agli alberi. Anche se non ne sei consapevole, staccando una foglia ferisci inutilmente l'albero". Amma insiste poi affinché la persona chieda scusa alla pianta.

Come leader, Amma intuisce perfettamente quando esercitare la sua autorità senza ferire gli altri. Sa quando e come essere una brillante maestra di vita, sa esattamente quando ascoltare, quando imporre una decisione e quando restare in silenzio. Mentre esercita le sue funzioni dirigenziali, tuttavia, Amma non giudica nessuno e nessuna situazione. Niente influisce sul suo umore, sempre gradevole e allegro. Amma utilizza le emozioni per esprimere il suo disappunto per qualcosa e in certi momenti può parlare duramente, ma queste sono solo maschere che lei è capace di indossare o rimuovere in qualsiasi momento. Sostanzialmente, la compassione e l'amore sono la natura di Amma e la purezza delle sue intenzioni rimane sempre intatta. Dirigere non significa andare in giro con aria orgogliosa, esibendo il proprio ego, impartendo ordini ed esercitando la propria autorità, bensì avere la capacità di essere umili. L'umiltà è il primo passo verso un buon management.

Ispirati dall'esempio di Amma, nella sede del MAM ad Amritapuri abbiamo raggiunto il traguardo "spreco zero". *Ridurre, riutilizzare e riciclare* è il motto di Amma.

Nel 2011, Amma ha lanciato il progetto ABC (Amala Bharatam Campaign), una campagna per un'India pulita. L'obiettivo era sensibilizzare l'opinione pubblica sulla pulizia dell'ambiente e sulla salvaguardia della natura.

Il programma ha avuto un inizio esplosivo e da allora i volontari hanno continuato ad attuarlo con successo. L'azione di pulizia ambientale che sto per descrivere è un classico esempio della tecnica MBWA. Per una serata intera, Amma ha permesso ai volontari di partecipare attivamente al lavoro e di considerarla parte del gruppo.

Nel gennaio del 2013, durante uno dei suoi tour annuali nell'India del Nord, Amma ha visitato Kolkata (Calcutta). Il 19 e il 20 gennaio, Amma è rimasta ininterrottamente seduta per oltre dodici ore al giorno, offrendo a tutti i presenti il suo emblematico abbraccio. Intorno alle ore 18 dell'ultimo giorno, mentre stava dando il darshan, ha annunciato che bisognava ripulire la strada vicino al centro in cui si teneva il programma. Questo è stato l'inizio della Campagna ABC a Calcutta. Alcuni volontari sono stati poi inviati a ispezionare l'area e a procurare gli attrezzi necessari.

Verso le 23, al termine del darshan, Amma si è alzata dal palco e ha percorso il lungo viale che sbocca nella trafficata Budge Budge Trunk Road, che passa davanti all'ashram. Insieme a più di ottocento volontari, Amma ha trascorso le successive tre ore pulendo i tre chilometri di questa via. Dopo aver indossato guanti e maschera, ha immerso le mani nella sporcizia accumulata da anni ai lati della strada. Tutti i volontari si sono distribuiti lungo la strada per rimuovere rifiuti di ogni tipo, dimensione e odore, raccogliendoli in grandi sacchi. Dopo aver rastrellato, spalato e scrostato per tre ore l'immondizia dal marciapiede, Amma ha percorso a piedi tutti i tre chilometri della strada, osservando i volontari lavorare duramente ed esprimendo il suo apprezzamento per il loro impegno. Mentre Amma tornava all'ashram è arrivato un grosso camion che ha raccolto tutti i sacchi di spazzatura.

Nel corso della notte, molti abitanti del vicinato sono stati svegliati dalle risa e dalla gioia di tanti sconosciuti provenienti da tutto il mondo che stavano ripulendo il quartiere. Con aria sbalordita, parecchi di loro hanno aperto la porta di casa per vedere quale festa inaspettata si stesse celebrando nel freddo della notte. Meravigliati, gli agenti di polizia venuti per scortare Amma hanno aiutato a dirigere l'intenso traffico stradale. Il mattino dopo, quando Amma e il gruppo che la seguiva sono partiti per Odisha (la tappa successiva), la strada era perfettamente pulita.

Da quando è stato avviato, il progetto Amala Bharatam ha organizzato in tutta l'India estese campagne di pulizia ambientale. I governatori di molti stati hanno sostenuto questo progetto e finanziato le campagne di pulizia locali.

Il *Times of India*, uno dei più importanti quotidiani indiani in lingua inglese, ha riportato così la notizia: "In occasione del lancio della Campagna ABC, Amma e centinaia di suoi discepoli e devoti hanno spazzato e ripulito i tre chilometri della Budge Budge Road, vicino a Sarkarpool. Questa iniziativa è avvenuta nella notte del 19 gennaio, dopo che Amma aveva dato il darshan a migliaia di devoti nel suo ashram".

Come spiega il versetto sanscrito citato all'inizio di questo capitolo, per Amma non ci sono né l'"io" né il "tu". Per lei non esiste la sensazione "io sono superiore, tu sei inferiore", c'è solo il "noi, la madre e i suoi figli".

La Bhagavad Gita afferma: "I grandi esseri guardano con occhio equanime uno studioso erudito e umile, una mucca, un elefante e persino un cane e un paria".

Amma dice: "Non si finisce mai di imparare. Rimanete sempre dei principianti e abbiate l'atteggiamento di un bambino. L'umiltà riempie il cuore e indebolisce l'ego".

CAPITOLO 9

Accontentarsi, la vera ricchezza

Amma dice: "Quando siete concentrati solo sull'azione e non sul risultato, l'appagamento nasce spontaneamente. Nel momento in cui la vostra attenzione passa dall'azione al risultato, la gioia e la soddisfazione lasciano il posto all'ansia e alla paura. Esseri appagati significa essere centrati".

Non sono contrario al denaro o al benessere economico e la mia visione della vita, che ho appreso da Amma, non si oppone alla ricchezza. Tuttavia, essere ricchi e possedere molti beni comporta un problema intrinseco: come sapere quello che le persone cercano davvero, quello che amano veramente? Siete voi o il vostro denaro? La risposta ci sfuggirà sempre. I soldi sono sicuramente un mezzo, ma potrebbe essere utile riflettere se vogliamo davvero sceglierli come nostro fine ultimo. La cosa curiosa è che, se una persona felice ha anche molto denaro, probabilmente sarà ancora più felice. Al contrario, se una persona è ricca ma infelice, la sua ricchezza non le impedirà di diventare ancora più infelice. I maestri spirituali elogiavano *tripti*, la capacità di accontentarsi. Questi antichi sapienti sottolineavano l'importanza di essere soddisfatti di quello che si ha. Quando esaltavano tripti come una virtù, i saggi non si riferivano alla possibilità di produrre o ottenere ricchezza, ma al semplice fatto di accontentarsi di quello che si ha.

"Aumentate pure i vostri profitti", dicevano, "ma non fatene il motivo della vostra contentezza. Non cadete nell'errore di credere che la felicità sia legata alla prosperità". Un ignorante che aveva frainteso tali parole decise che non era necessario lavorare, che non occorreva sforzarsi di riuscire nella vita, ma questa interpretazione non corrisponde affatto alle intenzioni dei maestri spirituali.

Abbiamo quindi creato un falso legame tra il denaro e la felicità. Se abbiamo dei soldi siamo contenti, in caso contrario siamo infelici. In realtà, questo concetto è sbagliato, è stato creato dalla nostra mente, dal nostro ego.

La contentezza sta nell'essere soddisfatti di ciò che abbiamo e non nel desiderare ciò che ci manca. Quando spezziamo il falso legame tra denaro e felicità, capiamo che un reddito annuale di 30.000, 100.000 o un milione di dollari non influisce sul nostro livello di felicità. È proprio questo atteggiamento a infondere nell'uomo d'affari la forza di contribuire concretamente alla crescita della nazione: dopo aver provveduto ai suoi bisogni e a quelli della sua famiglia, può utilizzare la sua ricchezza per il bene del paese, aiutando gli indigenti, offrendo loro un'istruzione e un alloggio, soccorrendo le vittime di catastrofi naturali, etc. Si tratta quindi di valutare le nostre necessità e di comportarci poi in modo solidale, andando al di là della nostra cerchia familiare e considerando il mondo intero come la nostra famiglia. Non dovremmo abbellire solo la casa in cui vivono i nostri figli, ma anche il mondo in cui vivono.

Qualche tempo fa ho conosciuto R.N. Ravi, un ufficiale di polizia in pensione che aveva appena lasciato l'incarico di direttore speciale dei Servizi Segreti. Attualmente è consigliere per il Ministero dell'Interno. Questo gentilissimo e stimato signore ha adottato con la moglie due bambini che vivevano nelle strade di Delhi e li ha cresciuti insieme ai suoi tre figli.

Mentre mi raccontava alcune sue esperienze, mi ha detto: "Faccio queste cose perché mi danno tantissima gioia e aiutano il mio cuore ad aprirsi. Mi sento appagato. Credo nel destino e nella legge del karma, ma ancora di più credo nella grazia di Dio, che mi ha sempre mostrato il giusto cammino, ciò che avrei dovuto fare, nella mia vita. Dio ci usa come suoi strumenti".

Ravi mi ha raccontato una bellissima vicenda accaduta quando era commissario di polizia in un distretto del Kerala. Aveva dato istruzioni ai suoi subordinati di collocare in diversi punti della città una "cassetta per i suggerimenti". "Chiunque poteva imbucarvi una lettera, un reclamo o un suggerimento, firmandolo oppure no. Ogni sera gli agenti raccoglievano la posta e me la consegnavano. Grazie a questi contenitori, abbiamo potuto servire meglio i cittadini, tendendo loro la mano invece di aspettare che venissero al commissariato, esperienza che per le persone non è sempre piacevole. Consideravo il mio compito come una missione divina, nella quale sforzarmi in tutti i modi di diminuire la sofferenza degli altri e di asciugare le loro lacrime. Quell'esperimento ha ridotto drasticamente il numero di crimini nel distretto", mi ha detto Ravi.

Un giorno lesse un messaggio che un ragazzino aveva imbucato nella cassetta: "Caro zio poliziotto, tutti i giorni aspetto sul ciglio della strada l'arrivo dell'autobus della scuola. Sotto il sole cocente, l'asfalto si scioglie e mi si incolla alle scarpe. Potresti aiutarmi?" A dire il vero, questo non era un compito della polizia e lui avrebbe potuto ignorare la richiesta con qualche vaga scusa. Invece chiamò immediatamente il dipartimento dei lavori pubblici chiedendone l'intervento e la strada fu riparata.

"Un'altra volta ricevetti una lettera da un'anziana che viveva nella casa di riposo locale. 'Figlio, siamo in tanti, vecchi e malati, a vivere in questa residenza per anziani', mi scriveva. 'Abbiamo un solo ventilatore a soffitto che è rotto da diverse settimane e nessuno si preoccupa di ripararlo o di sostituirlo. Potresti aiutarci?'"

Ancora una volta, la richiesta non rientrava nella sua area di competenza e Ravi avrebbe potuto, come avrebbe fatto la maggior parte della gente, buttare via la lettera e dimenticarsene. Ma non lo fece. Acquistò un ventilatore nuovo, andò con un elettricista nella casa di riposo e lo fece montare per gli anziani. Tutti loro, e soprattutto la donna che aveva scritto la lettera, furono incredibilmente felici e riconoscenti.

L'ufficiale mi ha detto: "Ho ancora queste lettere, serbo queste esperienze nello scrigno del mio cuore, sono per me motivo di profonda riflessione. Mi ricordano che non ho dei doveri unicamente nei confronti della mia famiglia ma anche verso la società, non solo come ufficiale di polizia ma anche come essere umano, in quanto inviato da Dio per aiutare gli altri, secondo le mie capacità. Io sono il messaggero, l'emissario di Dio. Esserne consapevole mi dà una gioia e una soddisfazione immense". In effetti, ognuno di noi è un messaggero di Dio. In questo caso si tratta di un ufficiale di polizia intelligente, un professionista che nel proprio lavoro antepone il cuore al raziocinio.

"Chiunque di noi abbia ricevuto una missione è un angelo" scriveva Maimonide, filosofo, astronomo e medico ebreo, uno dei commentatori più prolifici e influenti della Torah.

È un errore credere che l'ago che indica il nostro grado di gioia scenda, se accogliamo nella nostra vita il valore del sapersi accontentare. È l'avidità che ci induce in errore. A questo punto, è importante ricordare una cosa: sin dai tempi più antichi, la scienza della spiritualità non ha mai negato la vita, l'ha sempre affermata. In tutta la storia dell'umanità, ci sono stati tiranni che hanno difeso la filosofia che si oppone all'accettazione e l'hanno imposta ai loro sudditi, in particolare a quelli che appartenevano ai ceti meno colti.

Tuttavia, la verità è che nessun vero maestro spirituale, in Oriente o in Occidente, ha mai difeso una tale visione della vita. I grandi maestri hanno sempre accolto la vita e le sue molteplici esperienze. La differenza è che essi non accettavano soltanto la felicità, il successo e l'onore ma anche l'infelicità, il fallimento e il

disonore. Quando vivevano delle esperienze dolorose, non male-
dicevano gli altri o la natura ma si assumevano coraggiosamente
la responsabilità della situazione, dicendo di sì a tutto con un
sorriso. Insomma, apprezzavano la ricchezza esteriore e la gioia
che ne deriva ma, con lo stesso spirito, riconoscevano il valore
dell'appagamento come ricchezza interiore, creando nella loro
vita un equilibrio perfetto. Per loro, l'appagamento era essenziale.

La *Taittiriya Upanishad*, uno dei testi sacri indiani, descrive
in dieci tappe il benessere materiale e l'appagamento. Immaginate
che una persona salga dal primo al secondo gradino nell'acqui-
sizione di beni e che, analogamente, un altro porti il suo livello
di soddisfazione dal primo al secondo gradino. Ora, se foste in
grado di misurare il grado di contentezza di entrambi, scoprireste
che, aumentando il proprio livello di soddisfazione, la seconda
persona è cento volte più contenta della prima, impegnata ad
accumulare beni materiali. Anche senza tutti i gadget moderni,
la seconda persona sarebbe molto più appagata e felice di chi ha
molti soldi, ma è insoddisfatto.

La vera contentezza è frutto dell'aiuto incondizionato che
offriamo a chi si trova nel bisogno. Aiutare gli altri altruisticamente ci rende felici perché il nostro cuore si apre e la nostra consapevolezza aumenta. Servendo con abnegazione, ci identifichiamo,
più o meno consapevolmente, con la felicità o con il dolore degli
altri. Così facendo, vediamo noi stessi nell'altra persona. L'altro
diventa un'estensione di noi stessi e il senso di "alterità" scompare.

Negli Stati Uniti c'è un popolare programma televisivo che
offre un esempio di come, quando aiutiamo qualcuno, ci identifichiamo con questa persona. Alcuni milionari americani di grande
successo, dei *self made men*, vivono una straordinaria avventura:
trascorrono una settimana nelle zone più povere del paese e alla
fine donano una parte del loro denaro (centinaia di migliaia di
dollari) ad alcuni sconosciuti eroi che si sono distinti nel servire

la società. In ogni episodio, la troupe di *Secret Millionaire* (Milionario segreto, dal nome dell'omonima serie televisiva britannica che ha ispirato il programma) segue un affermato imprenditore americano che abbandona per una settimana ogni comodità e senza svelare la propria identità va a vivere in una delle zone più povere del paese.

Alloggiando in case popolari e avendo a disposizione per vivere l'equivalente di un sussidio sociale, questi "milionari segreti" cercano di trovare le persone più meritevoli della comunità, quelle che sacrificano tutto per soccorrere chi si trova nel bisogno, incoraggiando gli altri a fare lo stesso.

Amos Winbush III è stato protagonista di un episodio di *Secret Millionaire*. Lasciandosi alle spalle i suoi vestiti e le carte di credito, ha vissuto a New Orleans per una settimana come un indigente. Sebbene abbia fondato un'azienda che fattura miliardi, una delle cose più difficili per lui è stata vivere con trenta dollari e mezzo la settimana.

"Il primo giorno sono entrato in un negozio di alimentari e sono rimasto sconvolto", racconta l'amministratore delegato di CyberSynchs, un'azienda tecnologica del valore di oltre 196 milioni di dollari con sede a New York City. "Ho comprato del pane, del latte e dei cereali e, quando mi sono accorto che l'importo totale era di circa 60 dollari, ho dovuto rimettere i prodotti sugli scaffali. Questo mi ha aperto gli occhi. Ho vissuto in questo modo per una settimana, ma molte persone vivono così ogni giorno della loro vita".

Winbush afferma che questa esperienza di vita a New Orleans l'ha completamente trasformato. "Ero piuttosto egocentrico. Quando dirigi una start-up, sei totalmente concentrato su come farla crescere e non presti necessariamente attenzione alla persona che cammina di fronte a te, non ti chiedi come vada la sua vita.

Questo mio atteggiamento è cambiato, sono tornato a New York completamente trasformato".

Durante questa incredibile esperienza, i milionari incontrano delle persone straordinarie che antepongono ai loro bisogni quelli degli altri. Alla fine della settimana, i magnati svelano la propria identità e donano a questi eroi locali una grossa somma di denaro. Questo è un momento di svolta nella loro vita.

Recentemente ho incontrato un piccolo gruppo di donne che mi ha raccontato una storia molto ispirante. Appartengono quasi tutte a una classe medio-bassa e fanno parte di *Amritakudumbam*, un ramo delle attività spirituali di Amma. Ogni gruppo di Amritakudumbam è composto da diversi nuclei familiari che si riuniscono per svolgere pratiche spirituali e servire la società. Provenendo da famiglie povere, queste donne lottano ogni giorno per far quadrare il bilancio familiare. La storia che hanno condiviso con me mi ha commosso profondamente. Ogni giorno mettono da parte una piccola somma di denaro dalla loro paga giornaliera e, con quei risparmi, ogni due settimane acquistano del riso e delle verdure. Cucinano poi un pasto che portano al vicino orfanotrofio per offrirlo ai bambini. Penso che il livello di consapevolezza e di soddisfazione di queste donne sia superiore a quello delle persone più ricche del mondo. Esse mettono in pratica l'insegnamento di Amma: "Offriamo alla società ciò che possiamo". Il loro amore per Dio ha innalzato il loro livello di coscienza, che a sua volta influenza le circostanze esterne.

Se la nostra felicità si basa sui beni materiali, sul potere e sul desiderio di diventare il prossimo Bill Gates, non saremo soltanto stressati, ma diventeremo la personificazione stessa dello stress. Non avremo un istante di pace. Qualunque sia l'entità della nostra ricchezza, la nostra vita diventerà un inferno e sarà piena di paure. Se giochiamo la nostra felicità in borsa, il nostro benessere e la nostra pace saranno in balìa del mercato e dei suoi capricci: alti e bassi, alti e bassi, alti e bassi... Immaginate lo stato mentale di chi abbia riposto la sua intera felicità in un tale mercato! Si comporterà come uno squilibrato. Quando le azioni salgono, danzerà di gioia, quando crollano, sprofonderà nella depressione. Perché? Perché ha fondato la propria gioia su qualcosa che, per definizione, è sempre fluttuante.

Come tutti sappiamo, il mondo - che si tratti degli affetti familiari, degli affari o dell'amore - è per natura mutevole e imprevedibile. La contentezza proviene dalla nostra forza interiore, dalla capacità di pensare e di sentire positivo. Ed è allora che la spiritualità trova posto nella nostra vita. Grazie ad essa, possiamo rimanere centrati ed equilibrati, pur giocando senza paura in questo mondo instabile e imprevedibile.

"Nessuna austerità è pari a una mente equilibrata, nessuna felicità eguaglia la contentezza; non esiste malattia paragonabile all'avidità e virtù pari alla compassione".

Chanakya

CAPITOLO 10

La forza nascosta del dolore

Quando un'azienda non incoraggia tra i suoi dipendenti una cultura del cuore, al suo interno potrebbero scoppiare dei conflitti, creando divisioni. In quasi tutte le organizzazioni, le situazioni conflittuali sul luogo di lavoro sono molto comuni. Poiché nelle aziende lavorano tante persone di diversa cultura, formazione, nazionalità e lingua, le dispute e le divergenze di opinioni sono inevitabili. Le differenze nei titoli di studio, nelle capacità intellettive, negli orientamenti religiosi, così come nelle emozioni profonde, contribuiscono ad alimentare questi scontri.

Nel suo discorso alla conferenza dell'UNAOC di Shanghai, Amma ha detto: "Indipendentemente dal Paese, l'armonia e l'unità possono esistere nella società solo quando modernizzazione e cultura vanno avanti di pari passo. In caso contrario, la fiducia tra le persone viene distrutta. La mancata armonizzazione tra la cultura e la modernizzazione faciliterà il sorgere di comunità e di gruppi che rivendicheranno i propri diritti separatamente. La società si troverà così frammentata in fazioni che si odiano e agiscono ognuna nel proprio interesse, come tante isole. Perché una società ricca di tradizioni diverse viva in pace e prosperi, occorre che i suoi componenti crescano e seguano la sua evoluzione senza dimenticare le tradizioni tramandate di generazione in generazione. La storia ci ha insegnato che l'innovazione che non prende in considerazione la tradizione genera solo una soddisfazione momentanea e una prosperità non duratura".

Come si possono risolvere i conflitti sul luogo di lavoro? Inizialmente si può aspettare che le due parti trovino da sole una soluzione, ma quando la situazione sta per sfuggire di mano, il responsabile deve intervenire. Se non vengono affrontati con intelligenza, attenzione, tatto e diplomazia, i conflitti rischiano di estendersi ad altri settori dell'azienda e di influire negativamente sull'ambiente lavorativo e sulla produttività. Questa situazione potrebbe minare il morale dei dipendenti.

Un ritardo nella soluzione di un conflitto potrebbe spingere alcuni dipendenti esperti a licenziarsi. Nessuno vuole lavorare in un clima teso e ostile. Un impiegato può essere ben organizzato, meticoloso e ordinato, ma non necessariamente pronto ad affrontare ogni giorno situazioni difficili. Per una persona inesperta e vulnerabile, sopravvivere sul luogo di lavoro può essere logorante.

Sono trentaquattro anni che viaggio con Amma in tutto il mondo. Uno dei miei *seva* (compiti) è quello di sedere vicino ad Amma e tradurre le parole di chi, in fila, aspetta di poterle rivolgere una domanda o di chi talvolta gliene fa una prima di ricevere l'abbraccio. Durante l'abbraccio, ho visto che le persone si aprono spontaneamente e offrono il loro cuore ad Amma. Lei ascolta con pazienza i loro problemi personali, professionali, fisici, emotivi e spirituali e suggerisce delle soluzioni. È davvero impressionante, e a volte persino deprimente, venire a conoscenza dell'enorme carico di dolore e dell'estrema tristezza che opprime tante persone. Vedo però anche che, dopo aver confidato ad Amma le proprie difficoltà, queste persone cambiano, il loro grado di accettazione cresce e la loro felicità assume una dimensione nuova.

Uno dei principali argomenti di queste conversazioni con Amma è la lotta, interiore ed esteriore, che avviene sul luogo di lavoro e l'immensa fatica psichica, lo stress emotivo e l'esaurimento fisico che ne derivano. La maggior parte di queste persone dichiara: "Quando la sera torno a casa, non ho più un briciolo di entusiasmo ed energia". Molti vanno subito a letto.

I problemi iniziano la mattina presto, durante il tragitto da casa al lavoro, dopo che ci si è presi cura della famiglia. Le difficoltà continuano poi per tutto il giorno, causate dalle politiche sul posto di lavoro, dai favoritismi verso il "cocco del capo", dall'incompetenza di un dirigente... l'elenco è lungo. Se non si interviene su questo stato di cose, il conflitto interno si manifesta rapidamente all'esterno, si ripercuote sulla produttività dei lavoratori e, in poco tempo, può colpire tutta l'azienda attraverso scioperi, boicottaggi, chiusure, etc. La soluzione sta nella comprensione e nella capacità della direzione di stroncare i problemi sul nascere.

Ci sono cose che i nostri occhi non sono in grado di vedere. Man mano che acquisisce maturità ed esperienza, un dirigente dovrebbe cercare di coltivare uno sguardo intuitivo, un occhio interiore lucido e raffinato, capace di vedere oltre l'apparenza delle cose. Un tale occhio coglierà gli aspetti sottili che sfuggono agli occhi fisici. Un dirigente esperto aiuta i dipendenti a riconoscere i propri limiti e le proprie debolezze, favorendo in loro la consapevolezza necessaria. Il vero sostegno non consiste solo nell'offrire una buona retribuzione e un pacchetto di benefit, implica anche una profonda comprensione dei talenti, delle competenze e delle fragilità dei membri del gruppo.

Aiutare i dipendenti a elaborare le emozioni è un compito delicato che dev'essere svolto con integrità. Bisogna gestire le emozioni con la massima cura, come se stessimo schiudendo un fiore. Trascurare questo importante aspetto potrebbe avere un impatto negativo su ogni ambito della nostra vita, inclusa la salute e i rapporti familiari. I responsabili e i dipendenti possono certamente ricorrere a esperti esterni, psicologi qualificati, terapisti e consulenti, che li guidino attraverso queste situazioni mostrando loro una prospettiva più ampia.

Questi sono alcuni dei suggerimenti dati dai consulenti:

• Siate pazienti e concentratevi sul vostro lavoro.

• Praticate l'introspezione e l'autoanalisi.

• Se il vostro capo assume un dirigente non preparato o se un suo stretto collaboratore non ha le competenze e le capacità necessarie, sforzatevi di vedere le cose dal punto di vista del nuovo arrivato. Con garbati solleciti e correzioni, cercate di fargli capire le sue mancanze.

• Non fate confronti, riconoscete e capite i punti di forza e di debolezza degli altri e accettateli per quello che sono.

• Non giudicate.

• Incoraggiate la coerenza degli obiettivi e lo spirito di squadra affinché l'azienda abbia successo.

• Cercate innanzitutto di lavorare sulle vostre debolezze.

Tutti questi suggerimenti sono utili, ma solo fino a un certo punto; ci sono sempre dei pro e dei contro. In definitiva, la chiave del successo sta nel cambiamento d'ottica dei dipendenti. Essi possono cambiare società e lavoro o, come fanno alcuni, mettersi in proprio diventando capi di se stessi. Tuttavia, qualunque sia la soluzione scelta, queste ombre li seguiranno sempre perché, ovunque essi vadano, vedranno e valuteranno le circostanze con la stessa mentalità.

Amma dice: "Nella vita ci sono due tipi di situazioni: quelle in cui possiamo scegliere di risolvere il problema e quelle in cui non abbiamo nessuna scelta. Nel primo caso, possiamo raddoppiare i nostri sforzi per raggiungere il nostro obiettivo. Nel secondo caso, invece, anche se lottiamo duramente i nostri sforzi non avranno successo. Immaginiamo di essere alti un metro e mezzo e di voler crescere di un centimetro. Possiamo prendere degli integratori multivitaminici, appenderci a testa in giù o fare degli esercizi di stretching ma tutti i nostri sforzi saranno vani. Queste azioni sono uno spreco di tempo prezioso e di energia perché l'altezza è già scritta nel nostro DNA, quindi non possiamo far altro che accettare la situazione e andare avanti. Se però falliamo a un esame o a un colloquio di lavoro, possiamo decidere di ripresentarci all'esame o di fare un altro colloquio, finché non arriviamo a un esito positivo. Capire bene la differenza tra questi due esempi ci eviterà grandi sofferenze e paure".

Non lasciamo dunque nulla di intentato fino al momento in cui la voce gentile della nostra coscienza ci dirà: "Hai fatto tutto quello che potevi, ora fermati e rilassati". Abbiate fiducia in questa voce, fidatevi solo di lei. Che senso ha opporvi a una circostanza che vi vedrà sconfitti e in cui finirete per sentirvi umiliati e stremati? Consentite a questa verità di penetrare nel profondo. Perché questo accada, non basta un semplice esame di coscienza, occorre meditare profondamente. Solo la meditazione può creare lo spazio e il silenzio interiore necessari per rigenerarsi e non disperdere energia. La vera accettazione, ovvero l'atteggiamento positivo e forza interiore che stiamo cercando, potrebbe non arrivare velocemente quanto vorremmo. Come uno sforzo costante è fondamentale per riuscire in qualsiasi impresa, così uno sforzo sincero e continuo è necessario per acquisire questo atteggiamento di accettazione. Detto ciò, devo ammettere che a volte bisogna passare attraverso l'esperienza per giungere a quel punto di abbandono e di rivelazione. Mentre la stiamo vivendo, dobbiamo tuttavia rimanere il più possibile aperti e non farci travolgere e sopraffare dall'esperienza stessa. Non è facile, ma è sicuramente possibile perché abbiamo in noi questa capacità; in realtà, il nostro potenziale interiore è infinito.

Permettetemi di condividere con voi un'esperienza. Nel 1999 fui colpito improvvisamente da un'ernia cervicale a cui seguì un periodo d'intenso dolore e di grande tumulto interiore. Amma fu la prima ad avvertirmi, prima ancora che si manifestassero i primi sintomi. Stavamo facendo il tour annuale dell'India del nord, durante il quale, come sempre, ci spostavamo su strada. Subito dopo l'affollato programma serale di Bangalore, che si era prolungato fino al mattino, Amma era salita in macchina per raggiungere la destinazione successiva. Ero seduto accanto al guidatore e, quando l'auto si mise in moto, sentii che Amma mi toccava gentilmente la spalla. La vibrazione della sua mano era diversa dal solito. Mi girai e Amma sorrise, ma il suo sorriso era velato di tristezza. Sommessamente mi disse: "Ho la sensazione che qualcosa di infausto stia per accaderti". Questi sussurri, i suoi occhi, il suo tocco e tutto ciò che emanava erano abbastanza potenti da convogliare un messaggio sconosciuto che si sarebbe rivelato più tardi.

L'indomani stesso avvertii una fitta alla scapola. Inizialmente il dolore era lieve, simile a quello di una lussatura, ma gradualmente peggiorò e dopo pochi giorni si estese al braccio destro. Quando arrivammo a Pune il dolore era insopportabile: non riuscivo ad alzare il braccio, a sedermi, a stare in piedi e neppure a sdraiarmi. Alla fine Amma mi disse di sottopormi a una risonanza magnetica che mostrò che un disco cervicale prolassato comprimeva un nervo. Tutti i medici che consultammo raccomandarono un intervento chirurgico, ma Amma non era d'accordo e disse: "Non è necessario nessun intervento, riposati e guarirai da solo". Questo accadeva quattordici anni fa e all'epoca, in India, questa operazione suscitava molta inquietudine. Ad ogni modo, decisi di seguire il consiglio di Amma e di riposare.

Per due mesi non riuscii ad alzarmi dal letto. Oltre al dolore fisico, c'erano il tormento interiore e la sofferenza emotiva. Consultai un altro specialista che mi diede informazioni allarmanti sulle possibili conseguenze di un disco prolassato e il mio stato mentale ed emotivo peggiorò. La mia più grande preoccupazione era quella di non potermi più dedicare al *seva* che svolgevo da vent'anni. Per due decenni avevo vissuto la mia vita attivamente e pienamente.

Pensavo di non avere paura, nella mia mente conscia non c'era nessuna traccia di paura. Tuttavia, questa esperienza ha segnato la mia vita: mi sentivo crollare il mondo addosso, era come se stessi per giungere alla fine dei miei giorni. Mi trovavo in un buio profondo, senza alcuna luce alla fine del tunnel. Questo evento accadde in un periodo in cui andava tutto bene e mi colpì come un fulmine a ciel sereno.

Ogni attimo sembrava durare dei secoli. Ero indifeso e l'unica cosa che potessi fare era piangere a lungo. Ogni giorno versavo fiumi di lacrime e pregavo con tutto il cuore di ottenere forza interiore, amore e fede.

Psicologa per eccellenza, Amma mi guidò attraverso ogni fase di questa esperienza, instillandomi fede e fiducia, aiutandomi a superare la paura. Ciò nonostante, ci vollero più di sei mesi perché riuscissi a uscire dalle tenebre che mi avevano avvolto.

Dovetti comunque fare il primo passo e andare avanti. Che si tratti di una circostanza esterna o di una crisi emotiva, il nostro primo passo è il più importante. Il primo passo è l'amore per se stessi, che non dev'essere confuso con l'amore per il proprio ego. Si tratta di avere fede nel proprio sé, nel proprio potenziale interiore. Elaborando ulteriormente questo concetto, possiamo dire che si tratta di una fede ben radicata nella vita, percepita come dono.

La nostra nascita non è casuale, ha un senso, uno scopo più alto: siamo qui per realizzare qualcosa che nessun altro può fare al posto nostro. Se non esistessimo, nell'universo ci sarebbe un vuoto. L'universo non sarebbe lo stesso senza di noi, non dubitatene.

Il secondo passo, altrettanto importante, è trovare la giusta guida, un maestro che abbia una visione completa della vita, che ne abbia sperimentato ogni aspetto e che agisca davvero per il bene della società. Quando avrete fatto questi due passi, il terzo, che consiste nel celebrare la gioia della vita indipendentemente dalle pressioni esterne, seguirà naturalmente.

Ho trovato in Amma il mio maestro e la mia guida: è lei a illuminare il mio cammino, io devo solo decidere di percorrerlo. Amma mi ha aiutato a gestire le mie emozioni e a imparare dal dolore, in modo che il mio corpo potesse guarire.

Ognuno di noi ha bisogno di una guida che gli faccia strada con il suo esempio, non è sufficiente che sia una persona colta, competente e ben informata. Nel mondo di oggi, grazie agli enormi progressi in campo scientifico e tecnologico, la conoscenza è a portata di *mouse*. Quello che intendo dire è che dobbiamo cercare un maestro dotato di vera saggezza, capace di insegnare e di formare attraverso il suo esempio e la sua spontaneità. Una citazione di Albert Einstein chiarirà meglio questo concetto: "Dare l'esempio non è il miglior modo di influenzare gli altri, è l'unico modo".

L'aiuto che riceviamo da un leader dotato di queste qualità ci darà coraggio, discernimento, precisione, visione e giusta prospettiva. Questa trasformazione interiore influenzerà anche le situazioni esterne.

Possiamo vincere alla lotteria e diventare miliardari o, come uno dei quattro finalisti di un reality show, vincere il primo premio da un milione di dollari, ma tutto questo non ci cambierà profondamente. Certo, potremo acquistare una casa più bella, un'auto più potente, un televisore al plasma più grande, tutto l'oro che desideriamo e così via, ma, in quanto esseri umani, continueremo ad agire ancorati agli stessi schemi mentali, condizionati dalla nostra mente e dalle nostre tendenze negative.

Invece di uccidere dieci o venticinque persone con un bastone o con un martello, oggi è possibile ucciderne migliaia premendo soltanto un pulsante. E lo chiamiamo progresso scientifico! Si tratta davvero di un cambiamento? Intendo dire che quello che dev'essere cambiato è la nostra presenza, la qualità del nostro essere interiore, tutta la nostra personalità. Qualsiasi mutamento nella nostra vita dovrebbe favorire la soluzione dei problemi. Il cambiamento dovrebbe essere qualitativo, non quantitativo. Se proprio vogliamo, può essere anche quantitativo ma non dovrebbe aggravare i problemi che ci sono già.

Ricordiamoci sempre che ogni evento, interiore o esteriore che sia, ha un nucleo, un cuore, che racchiude un messaggio prezioso. Abbiamo due possibilità: farne un dramma o essere sensibili a questo messaggio. Non parlo di una sensibilità fragile, ma profonda. Che cos'è una sensibilità profonda? La capacità di vedere attraverso il dolore e di individuarne il centro. Come afferma la *Kathopanishad*, una delle *Upanishad* più importanti: "Chi riesce a guardare dentro di sé troverà il Sé, il centro". Sebbene il verso si riferisca alla riscoperta del centro della nostra vera esistenza, possiamo estendere questo concetto a ogni esperienza della nostra vita.

Se rivolgiamo il nostro sguardo all'interno, ogni nostra esperienza assumerà una valenza completamente diversa, che rivelerà gli aspetti più sottili di un problema non percepibili dagli altri. Osservando e assimilando questi principi, saremo capaci di essere testimoni di quanto ci circonda e le nostre azioni acquisteranno una bellezza, una forza e un fascino straordinari.

Un principio fondamentale della nostra esistenza è che dobbiamo affrontare da soli le esperienze che la vita ci offre. Tuttavia, avere una guida che è un esempio vivente delle virtù e dei valori ci aiuterà a navigare tra le onde apparentemente insidiose della vita. A questo proposito, ricordo le parole di Ralph Waldo Emerson: "Se mi vuoi sollevare, devi essere su un piano più alto del mio".

I periodi dolorosi e difficili della vita hanno in sé una profondità maggiore dei momenti che riteniamo felici, perché la nostra gioia è passeggera e questi istanti sono superficiali. Che cos'altro ci si può aspettare quando si cerca la soddisfazione immediata?

Spesso pensiamo che il dolore sia un'emozione che ci indebolisce, ma chi ha compreso i misteri dell'esistenza trasmette con la sua stessa vita il messaggio che il dolore ha in sé una forza misteriosa. In realtà, il dolore ha una profondità che manca alla felicità.

È come il giorno e la notte. L'oscurità è impenetrabile. Se sviluppiamo la forza interiore necessaria ad attraversare i densi strati delle nostre esperienze tristi e dolorose, si aprirà davanti a noi un nuovo mondo di consapevolezza e ci verrà data la chiave di accesso a un vasto mondo di conoscenza.

La vita di Amma mostra perfettamente la forza trasformativa del dolore, la metamorfosi che possiamo attuare. Quando avremo compreso questo segreto, ogni volta che ci troveremo faccia a faccia con il dolore, il buio scomparirà e rimarrà solo la luce. Non rifiutiamo la sofferenza, accettiamola. Tale accettazione porta con sé la luce. Questa comprensione profonda conferisce alla vita una dimensione più ampia. Il senso che le abbiamo attribuito (guadagnare di più, spendere di più) cambierà. Il nostro corpo, la nostra mente, le nostre emozioni e persino la ricchezza che acquisiamo diventeranno potenti strumenti per creare il cambiamento che immaginiamo.

Il messaggio profondo che impariamo da una vera guida è che le amarezze della vita non hanno lo scopo di indebolirci ma di risvegliarci. Esse non esistono per intristirci o deprimerci ma per aiutarci ad accrescere la nostra consapevolezza. Gli insuccessi non devono bloccarci ma liberare la nostra forza interiore.

Amma fa questo esempio: "Immaginiamo di camminare nell'incerta luce del tramonto e che una spina si conficchi nella pianta del nostro piede. Togliamo la spina e andiamo avanti prestando maggiore attenzione, per evitare di pungerci di nuovo. All'improvviso vediamo un cobra. Il fatto di essere stati punti ha suscitato in noi una consapevolezza che ci ha aiutati a evitare una situazione potenzialmente pericolosa. Se non avessimo fatto attenzione, il serpente avrebbe potuto morderci. In questo contesto, la puntura della spina non dev'essere considerata un'esperienza dolorosa. Forse inizialmente abbiamo maledetto questa spina, ma quando in seguito ripenseremo ed esamineremo più accuratamente l'accaduto, capiremo che essa ci ha permesso di avere più consapevolezza".

A questo punto è opportuno ricordare due frasi di Charlie Chaplin: "In questo mondo crudele, nulla è permanente, nemmeno i nostri guai". E ancora: "Per ridere veramente dobbiamo saper giocare con il nostro dolore!"

Per cogliere questa verità, Charlie Chaplin impiegò probabilmente tutta la vita. Chiediamoci quindi: "Devo veramente aspettare così a lungo affinché questa verità affiori in me?"

CAPITOLO 11

Lezioni multiple

"Mi piace pensare che molti manager e dirigenti, cercando di risolvere i problemi, perdano di vista la foresta per concentrarsi soltanto sui singoli alberi. Essi dimenticano così di prestare attenzione ai loro collaboratori, preoccupandosi solo di come fare per ottenere di più da loro o per dirigerli in modo più efficace. Credo che i dirigenti debbano guardare più da vicino cosa significa per i loro collaboratori lavorare in quella azienda ogni giorno". Non so cosa intendesse esattamente Gordon Bethune, ex direttore generale della U.S. Airlines ed ex amministratore delegato della Continental Airlines, oggi in pensione, con questa sua acuta osservazione. Ad ogni modo, sembra che quest'uomo avesse capito alcuni segreti che permettono di mantenere alto il morale di una squadra.

Peter Drucker ha colpito nel segno affermando che la maggior parte di quello che chiamiamo "management" consiste nel rendere più difficile il lavoro degli altri.

Oggi, più o meno consapevolmente, diversi manager e dirigenti si comportano in modo eccessivamente serio, assumendo un'aria orgogliosa, come se tutto il mondo dovesse sapere che occupano una posizione di grande potere. Gonfiare il nostro ego o cercare di apparire molto seri non migliorerà la nostra personalità e non ci renderà buoni leader o manager. Al contrario, questo potrebbe influire negativamente sulla nostra reputazione e sulla produttività.

Si dice che è bene che un dirigente o un amministratore abbia un atteggiamento amichevole ma che sia invece controproducente diventare amici dei propri collaboratori. A questo proposito, Amma raccomanda: "Dovremmo praticare un distacco pieno di comprensione. Siate disponibili senza essere un libro aperto. Siate uno di loro, ma siate soli". Sembra un paradosso, eppure uno dei segreti del successo è proprio saper stare accanto agli altri mantenendo al tempo stesso le distanze.

Se ci lasciassimo coinvolgere troppo, potremmo restare ciechi davanti a certe situazioni, non riuscendo ad accorgerci di come stiano veramente le cose. Questa vicinanza o familiarità eccessiva influirebbe negativamente sulla nostra capacità di giudizio e, soprattutto, ci farebbe correre il rischio di esporci troppo. Un momento di eccessivo entusiasmo può destabilizzarci e farci perdere di vista la nostra identità: cadiamo in uno stato di non consapevolezza. Identificandoci con una particolare situazione, possiamo dire una parola, compiere un gesto o assumere un'espressione che per noi è insignificante ma che, per un osservatore acuto, è un chiaro segnale. Se questa persona aspettava l'opportunità di porre fine alla nostra carriera, può cogliere l'occasione che le stiamo offrendo per scalare la vetta e provocare la nostra caduta. Ecco come potrebbe crollare un impero costruito con grande sacrificio: con un semplice un attimo di distrazione.

Una mente superficiale è incapace di raggiungere qualsiasi obiettivo. Tutti i successi nascono da livelli molto profondi della mente, lo speciale grembo che genera idee innovative. La conoscenza non si trova all'esterno ma dentro di noi, fa parte del nostro essere. Potremmo modificare il detto popolare "Gli occhi sono lo specchio dell'anima" in: "I nostri occhi diventano una nuova finestra attraverso cui contemplare tutto un mondo interiore di conoscenza, il potenziale ancora inesplorato che dorme dentro di noi".

Tanta gente confonde il concetto di "stare da solo" con quello di "sentirsi solo". Molti pensano addirittura che siano la stessa cosa. Mentre lo stare da soli ci conduce a uno stato superiore di consapevolezza, di attenzione, di espansione e di gioia, il sentirsi soli ci fa cadere nell'incoscienza, nella tristezza, in uno stato mentale di chiusura in cui ci ripieghiamo su noi stessi. Come può un manager infelice essere creativo o produttivo? I suoi dipendenti potranno forse apprezzare la sua natura scontrosa? Una persona simile sarà capace di promuovere la comunicazione tra i diversi settori dell'azienda? Come potrà accogliere e dare con amore un feedback onesto e necessario?

Quando ci abituiamo a qualcosa o a qualcuno, cominciamo ad assumerne le caratteristiche, fino ad assomigliare a questa persona o a questo oggetto. Nel mondo di oggi, la regola è: "ripagare con la stessa moneta", ovvero: se il mondo è ingiusto, siamolo anche noi!

The Difficulty of Being Good (La difficoltà di essere buoni), è il titolo calzante che Gurucharan Das, autore e intellettuale indiano, ha scelto per il suo libro. Riuscire a essere buoni e onesti in ogni circostanza della vita è, in effetti, difficile. Ma non sono forse difficili tutte le conquiste? Inoltre, "buono" non è un superlativo, non significa perfetto: essere i migliori è sicuramente un obiettivo stimolante, ma, con tutte le nostre imperfezioni e debolezze emotive, è comunque possibile, se lo desideriamo veramente, essere almeno delle brave persone. Sebbene in tutto il mondo le menti siano occupate dagli stessi pensieri negativi, è possibile ridurre la loro intensità. Possiamo anche astenerci dall'azione e non fare quello che questi pensieri indesiderabili e distruttivi, difficili da eliminare, ci suggeriscono.

Le persone si abituano ad avere delle difficoltà, ma a volte possono infettare gli altri con i propri problemi. Amma fa questo esempio: "Un uomo soffriva di una forte emicrania e si lamentava continuamente con tutti i membri della sua famiglia, con gli amici e con i vicini. Alla fine della giornata, la sua emicrania era scomparsa ma a tutti gli altri era venuto il mal di testa".

Per noi è normale essere molto attaccati ai nostri beni, a quello che possediamo. Il minimo segno o sospetto che qualcuno possa derubarci o portarci via i nostri averi ci rende inquieti.

Accade lo stesso con i nostri problemi e le nostre idee: ci attacchiamo a loro.

Ho letto le Regole di un bimbo che fa i primi passi. Eccole:

Se mi piace, è mio.

Se ce l'ho in mano, è mio.

Se te lo posso prendere, è mio.

Se l'ho avuto poco fa, è mio.

Se è mio, non sarà mai tuo.

Se sto facendo o costruendo qualcosa, tutti i pezzi sono miei.

Se assomiglia al mio, è mio.

Se penso che sia mio, è mio.

Tutte le nostre creazioni sono un prodotto della nostra mente limitata, quindi non possono essere assolutamente perfette. Se però siamo troppo attaccati al nostro piano (il nostro "bimbo"), stiamo seguendo le "Regole di un bambino che fa i primi passi". In questo stato d'animo, quando siamo vittime di un eccessivo attaccamento non riusciamo ad accogliere il feedback e i suggerimenti del nostro gruppo e a rendere loro giustizia.

Ho sentito delle persone dire: "La vita è ingiusta ma mi ci sto abituando".

La visione di Amma è diversa: Amma afferma che la vita sembra ingiusta solo quando la percepiamo con gli occhi esterni. Osserviamola dall'interno e ci renderemo conto che la vita è sempre giusta, perché essa è la totalità, il cosmo. Le persone possono essere ingiuste ma il cosmo deve essere giusto perché si offre a tutti in modo equanime. Dovremmo rimanere sempre ben radicati nelle nostre profonde convinzioni e nei nostri valori.

La via di Amma è quella di non abituarsi ai modi del mondo "ingiusto", di non seguire le sue orme. Le vie del mondo sono ineluttabili. Passiamo attraverso le esperienze della vita con coraggio, imparando a trascenderle. Trascendere significa trasformare: trasformare le nostre debolezze e i nostri limiti in punti di forza. In tal modo ci eleveremo al di sopra dell'ingiustizia del mondo senza esserne toccati.

I principi su cui si basa lo stile manageriale di Amma sono: Amare e servire tutti, donare, perdonare ed essere compassionevoli. Ecco perché Amma non ha difficoltà a dare sempre un feedback ai suoi collaboratori.

La forza e l'interesse di queste sessioni di feedback nascono dal fatto che anche Amma, come qualunque altro componente del gruppo, assume la sua parte di responsabilità. Se qualcuno dice: "È tutta colpa mia", Amma risponde: "No, il tuo errore è il mio errore, forse non ho prestato abbastanza attenzione ai dettagli".

Anziché rimproverare la persona o il gruppo che hanno commesso l'errore, Amma li esorta a essere più vigilanti e consapevoli in futuro, li motiva e li aiuta a vedere l'accaduto sotto un'altra luce.

Permettetemi di raccontarvi un episodio accaduto tanti anni fa, quando ancora non c'erano le carte di credito. Il nostro gruppo addetto agli acquisti doveva sempre portare con sé dei contanti per comprare quello che serviva alla sede centrale della nostra ONG. Questo gruppo era formato da due giovani e dall'autista, anche lui volontario e residente all'ashram. Un giorno, mentre andavano a far compere, tutto il contante, una somma piuttosto considerevole, sparì: non si sa se lo persero o se furono derubati. Quando tornarono all'ashram, i tre giovani non avevano il coraggio di andare da Amma. Temevano che si sarebbe arrabbiata e, intimiditi, decisero di chiudersi nelle loro stanze.

Ben presto, un volontario andò a cercarli, dicendo che Amma voleva vederli. Chiaramente, i ragazzi avevano paura e si sentivano in colpa, ma Amma li accolse con un grande sorriso, li invitò a sedersi accanto a lei e li consolò accarezzandoli. "State tranquilli, non preoccupatevi, capita, non è colpa vostra, rilassatevi. Non sono arrabbiata, il denaro sarà andato a qualcuno che ne aveva bisogno".

Le sue parole erano semplici, l'atteggiamento premuroso. Queste parole gentili ebbero un impatto profondo sui tre giovani, era come se fossero entrati in una stanza con l'aria condizionata dopo essere rimasti a lungo sotto il sole cocente. Erano ovviamente commossi e cominciarono a sentirsi a proprio agio.

Quando gli animi si furono rasserenati, Amma disse: "È naturale commettere degli errori. Non ho nessuna difficoltà a perdonarvi e a dimenticare l'accaduto, ma per me anche un centesimo ha un grande valore. Certo, non è che una goccia, ma sono le gocce a formare i fiumi. Ogni centesimo, accompagnato dai nostri sforzi, deve essere centuplicato e restituito alla società come un'offerta.

Ci sono tre tipi di errori: gli errori che accadono, quelli che commettiamo e quelli intenzionali. Talvolta, malgrado la nostra vigilanza e prudenza, qualcosa va storto. Semplicemente accade, senza dipendere dalla nostra accortezza o dalla nostra volontà. Quando invece l'errore è causato dalla nostra negligenza, si tratta di un'azione nata dalla mancanza di consapevolezza. Il terzo tipo di errore è quello voluto, deliberato, commesso consapevolmente. In tutti i casi, ci verrà offerta un'opportunità per rimediare, ma non a tempo indeterminato. Che l'errore avvenga più o meno inavvertitamente, l'elemento costante è la mancanza di consapevolezza. Non ha senso sbagliare se non utilizziamo le opportunità che ci vengono offerte per correggerci. Tenetelo a mente". Il gruppo recepì molto bene la lezione.

Questo insegnamento gentile, ma incisivo, fu impartito solo dopo che Amma aveva aiutato i giovani a liberarsi della tensione.

Questo fu il primo passo. Solo allora, quando il gruppo era rilassato e ricettivo, fu possibile dirigere la sua attenzione verso la fase successiva. Se Amma avesse proceduto in senso inverso, nessuna delle sue parole sarebbe penetrata attraverso il guscio di paura e senso di colpa che avvolgeva i ragazzi.

Amma dice che "il passato è un fatto. Imparare dal passato e avere fede nel presente ci permetterà di accogliere con benevolenza il futuro". In realtà, il futuro è il fiore che sboccia dal presente e il suo apporto dipende dall'intelligenza con cui affrontiamo il presente. Lasciamo quindi andare i fatti irreversibili e prepariamoci ad affrontare il futuro rimanendo ancorati nel presente.

Rifiutando di giocare al "gioco delle colpe", come spesso vediamo fare nel mondo, Amma risolve le situazioni senza creare negli altri sensi di colpa o disistima. I suoi "guerrieri" sono pienamente consapevoli di questo approccio e si aprono completamente a lei. In tal modo, nessun dettaglio, anche il più piccolo, può sfuggire.

Molti esperti di management hanno osservato che in tante organizzazioni una delle maggiori difficoltà è dare e ricevere un feedback appropriato: i riscontri sono spesso inadeguati o arrivano troppo tardi. In realtà, è raro che venga dato puntualmente un feedback. La paura delle critiche, la mancanza di fiducia, l'adesione rigida alle proprie idee, la riluttanza a confrontarsi con un antagonista oppure l'astio profondo verso il diretto superiore, possono essere alcuni dei numerosi ostacoli che impediscono di dare o ricevere preziosi riscontri nel momento adatto e con il giusto atteggiamento.

Il vero feedback non mira a individuare le mancanze ma rispetta e sostiene il punto di vista di ognuno. Le osservazioni vengono condivise con assoluta onestà. È molto più di uno scambio, di un'interazione, si tratta di una comunicazione tra due persone mature o due gruppi, con l'intento di prendere la decisione che gioverà all'organizzazione. Perché il riscontro sia positivo e produttivo è necessario che sia chi lo dà che chi lo riceve siano consapevoli che le loro valutazioni e proposte sono influenzate dalle percezioni e che non detengono la verità assoluta.

Lo scrittore e conferenziere americano Dale Carnegie, ideatore di numerosi importanti corsi di sviluppo personale, tecniche di vendita e formazione aziendale, osservò: "Qualsiasi stupido può criticare, condannare e lamentarsi... e quasi tutti gli stupidi lo fanno".

Amma ha un modo inimitabile di dare e accogliere un feedback, che non si limita alle istituzioni e ai programmi umanitari ma è parte integrante di tutto quello che accade intorno a lei. Ogni giorno, Amma parla faccia a faccia o per telefono con i responsabili dei diversi settori, che l'aggiornano sull'evoluzione dei progetti. Amma è aperta e ascolta con attenzione le parole dell'interlocutore. Quando si tratta di esprimere il proprio punto di vista, Amma analizza approfonditamente ogni singola informazione, prende in considerazione ogni commento, valuta i pro e i contro davanti al gruppo, assicurandosi che nessun elemento cruciale sia stato tralasciato prima di arrivare a una conclusione. Sa perfettamente cosa sottolineare e cosa tralasciare, quali sono gli aspetti che possono essere discussi apertamente e quelli confidenziali.

Amma dice: "Ricordate, due sono i fattori più importanti: la sincerità e la forza interiore di custodire un segreto. Siate onesti e non rivelate mai un segreto". Questo è un consiglio che ricevono tutti i membri del suo gruppo.

Anche se gestisce magistralmente le istituzioni e le attività umanitarie della nostra ONG, Amma non se ne vanta. Non è un problema per lei parlare personalmente con i responsabili dei diversi dipartimenti, lei ascolta, interagisce e accoglie i feedback anche dei membri più giovani dello staff. Persino i lavoratori più umili possono avvicinarsi liberamente ad Amma ed esporre i propri problemi e punti di vista.

L'ho vista parecchie volte conversare con degli scolari e ascoltare le loro opinioni. Un giorno le ho chiesto: "Perché discuti di questioni importanti con dei bambini?"

Amma mi ha risposto sorridendo: "I bambini sono più intelligenti degli adulti, possono suggerire idee brillanti e vividi esempi. Non sottovalutare mai nessuno, il sapere dell'universo può rivelarsi ovunque. La ricerca dovrebbe essere infinita, bussa a tutte le porte. Non si sa mai dove si trovino le sorgenti nascoste. L'apparenza potrebbe essere molto modesta e insignificante ma, se sollevi il coperchio, potresti trovarti di fronte a un intero tesoro".

Adottare un particolare schema di lavoro e imporre a tutti di conformarvisi rigidamente, paralizza un manager e l'intero funzionamento di un'azienda o di un settore. La disciplina è indispensabile, ma coniugare lavoro e divertimento assicura una comunicazione aperta. Per citare Amma: "La vita dovrebbe essere una perfetta combinazione di disciplina e gioco. Siate seri e scherzosi. Siate come un ufficio e una foresta. La disciplina nasce dall'intelletto e il gioco dall'innocenza. Quando questi due fattori si fondono, portano amore e successo".

Immaginate un ufficio ben ordinato in cui si possa godere della bellezza di una foresta e respirare la sua aria fresca e salubre. Tutti ne sarebbero felici. Creiamo questi momenti. È sorprendente vedere come, in tali circostanze, persino i membri più snob e riservati del gruppo si aprano.

L'atmosfera convenzionale di un ufficio non incoraggia una conversazione spontanea o la conoscenza reciproca. Creare nel gruppo dei momenti speciali, lontani dall'ufficio e dalle sue tensioni, delle circostanze in cui ognuno possa esprimere i propri talenti naturali, permette a tutti di rilassarsi e di ricaricarsi. Se organizzate in modo adeguato, tali sessioni liberano il nostro lato ludico, il bambino che è in noi si esprime allora in tutta la sua pienezza e vigore. La posizione che occupiamo nella società e in seno alla famiglia, le differenze tra superiori e subordinati, tutto questo viene dimenticato almeno per un po' e siamo tutti sullo stesso piano. Questa esperienza migliora il morale del gruppo, aumenta la creatività, la produttività e la capacità di comunicare, creando una sensazione di unità.

Amma eccelle nell'arte di creare questo tipo di atmosfera. Il rettore (Amma), il vice-rettore, il direttore sanitario, i decani delle facoltà, i responsabili dei gruppi di ricerca, gli ingegneri, gli amministratori, i custodi, i responsabili della mensa, i camerieri, gli addetti alle pulizie, i tecnici audio, gli altri professionisti, gli occidentali e gli indiani siedono tutti insieme, non ci sono divisioni.

Amma non dice: "Mi rivolgerò solo al decano o al direttore sanitario", ma riconosce il valore umano di ogni persona e si intrattiene con tutti. Ogni componente del gruppo ha questa sensazione: "Sono il suo preferito, ci tiene a me". In tal modo, ogni eventuale blocco mentale viene rimosso e ognuno dona il meglio di sé nell'area di sua competenza. Dare o ricevere un consiglio non rappresenta più un problema: le porte sono state aperte.

Le persone che hanno conosciuto la vita e i suoi misteri concordano su un punto: qualunque cosa facciamo, facciamola con il cuore. La chiave di tutto è proprio il nostro atteggiamento nei confronti di quello che facciamo. Cambiando il nostro stato d'animo, il lavoro diventa una celebrazione e la vita intera si trasforma.

Quando Amma viaggia in India o all'estero, centinaia di persone viaggiano con lei in numerosi autobus e altri veicoli. Portiamo con noi la tenda della cucina, gli utensili, grandi pentoloni, piatti, tazze, sedie, l'amplificazione audio, etc. Quando arriviamo sul luogo del programma in ogni città, i volontari allestiscono tutto e iniziano a cucinare all'alba. Siamo impegnati tutto il giorno, fino a notte fonda. Visitando le cucine nei luoghi in cui si svolgono i programmi di Amma in India e all'estero, si può fare l'esperienza concreta di quanto il lavoro possa diventare una forma di preghiera. Queste cucine sono un luogo di festa.

I tour in Europa e nell'India del Nord si svolgono in inverno. Quasi ovunque, la cucina è allestita in una tenda all'esterno, fuori dall'edificio in cui si svolge il programma. Tuttavia, l'atmosfera è estatica, i volontari cantano e ballano, non hanno la sensazione di lavorare davvero, anche se in effetti lavorano duramente. Non c'è nessuna tensione. Il lavoro assume un aspetto ludico, che serve da antidoto contro ogni stress e negatività. Se mi chiedete una spiegazione logica di questo fenomeno, a essere sincero non la so.

Ogni anno, il tour di Amma in Nord America inizia la terza settimana di maggio. Prima di partire, Amma crea un momento particolare per i quasi 3.000 residenti del suo centro spirituale in India. Insieme ai cuochi e ai residenti prepara le *masala dosa* (crêpe di farina di riso e lenticchie nere, ripiene di un impasto di patate, cipolle e spezie) e le patatine fritte per tutti. Sembra semplice ma, a una più attenta osservazione, vediamo che si tratta di una meravigliosa lezione su come svolgere molte attività contemporaneamente. L'intero evento avviene sotto l'attenta direzione di Amma. Sin dal mattino, tutto l'occorrente viene sistemato nell'auditorium: vengono portati una grande batteria di fornelli a gas, enormi pentole per cuocere le *dosa*, spatole e padelle di bronzo per friggere le patatine.

Subito dopo le preghiere della sera, la festa comincia: si preparano le dosa e le patatine fritte. Insieme ai cuochi e ai residenti, Amma partecipa attivamente al processo di cottura e al tempo stesso sovrintende sino al minimo dettaglio: la quantità d'olio versata, le dimensioni, che devono essere il più possibile uniformi, delle dosa e delle patatine. Amma richiama tutti costantemente a fare attenzione e a non cuocere troppo le dosa e le patatine. L'auditorium è gremito di bambini, ragazzi e ragazze, uomini e donne di ogni età, provenienti da tutte le parti del mondo. Alcuni preparano le dosa, altri le patatine.

Tutta la folla partecipa con entusiasmo. L'eccitazione generale crea a volte qualche problema di disciplina, soprattutto con i bambini piccoli. Con amore e affetto, Amma raccomanda loro di non avvicinarsi troppo alle pentole con l'olio bollente. Se non ascoltano, alza leggermente la voce. Possiamo vedere Amma calmare i bambini e un attimo dopo, voltarsi verso i cuochi e dare loro delle istruzioni. E tutto questo mentre prepara le dosa o affetta le patate.

In Kerala, maggio è il mese più caldo dell'anno e l'auditorium non è climatizzato. La temperatura è quindi molto elevata, perché il calore accumulato dal sole cocente della giornata si aggiunge al fumo e al calore dei fornelli a gas, dell'olio bollente e delle pentole con le dosa, senza contare quello prodotto dalla folla. In breve, la hall diventa una fornace, ma l'atmosfera è così allegra e festosa che, in effetti, nessuno si preoccupa del caldo.

Mentre il cibo continua a cuocere, Amma inizia a servire. Ogni persona riceve due masala dosa e una buona porzione di patatine fritte. Amma porge personalmente il piatto a ogni residente, compresi i bambini. Anche mentre consegna i piatti, osserva meticolosamente ogni singolo dettaglio. Si accorge subito se un piatto contiene meno patatine o se una dosa è più piccola delle altre e rimanda indietro il piatto chiedendo di apportare le opportune modifiche.

In tal modo, Amma controlla sia la quantità che la qualità. Il contenuto dei piatti per i bambini, i ragazzi, le ragazze, gli anziani o per chi ha problemi di digestione o particolari problemi di salute può variare in base alle esigenze, all'età e all'appetito. In tal modo si è sicuri che non ci saranno sprechi.

La politica di lotta contro lo spreco è attuata in tutte le istituzioni di Amma. "Nessuno spreco" è uno dei motti che le sono cari. Come il settore amministrativo e gestionale, anche quest'area riceve la sua personale e costante attenzione. Amma dice: "Ricordatevi sempre dei milioni di poveri che patiscono la fame. Pensate alla loro sofferenza, alla tristezza sul loro viso. Buttando via anche un solo boccone, li private di quello che gli spetta. E quando prendete più di quanto avete bisogno, in realtà state rubando ciò che appartiene loro per diritto".

Quando la festa sta per finire, Amma intona qualche canto. In circostanze normali, una situazione in cui migliaia di persone sono sedute strette una accanto all'altra, in un luogo dove quasi tutti sono in un bagno di sudore, verrebbe considerata un supplizio. Qui, invece, ogni persona, di ogni età, sesso, cultura, fede religiosa, nazionalità e lingua, si gode davvero la serata, c'è un'autentica atmosfera di festa e nessuno bada al disagio.

Cucinare per migliaia di persone mantenendo la qualità e la quantità e servire tutti nello stesso posto in cui si cucina non è un compito facile da gestire. Eppure, qui vedete come il lavoro può diventare un atto di adorazione, un evento da celebrare. Le persone traboccano di gioia, sembra di assistere a una meravigliosa danza.

Si può riassumere tutto questo con una sola frase: "Così opera il cuore".

Quale lezione trarre? Mentre si preparano le dosa, le patatine fritte o la pizza, è importante essere buoni cuochi. Quando siete con i vostri figli, siate un buon padre o una buona madre. Quando parlate, siate un buon oratore ma quando gli altri parlano, lasciateli parlare e siate buoni ascoltatori. In ufficio, siate un eccellente amministratore, esaminate ogni cosa a livello micro e macro. Non c'è nulla di nuovo, di sovrumano o di miracoloso in tutto questo. La vita dovrebbe essere gestita in questo modo ed è proprio quello che fa Amma.

Un uomo ricco andò da un grande maestro. Davanti alla casa del maestro c'era un giardino in cui un uomo si stava occupando delle piante. Il ricco gli si avvicinò e disse: "Mi scusi, lei chi è?"

"Non lo vede? Mi sembra ovvio, sono un giardiniere".

"Sì, certo, sono venuto a incontrare il suo maestro", proseguì l'uomo.

"Quale maestro? Non ho nessun maestro".

Il ricco pensò che fosse inutile proseguire la conversazione e, per concludere il dialogo, fece un'ultima domanda: "Ma lei non è il proprietario di questo posto?"

"Forse" rispose il giardiniere.

L'uomo ricco entrò. La casa era un po' distante dal cancello, la porta principale era aperta. Il giardiniere era adesso seduto all'interno, calmo e composto.

Sorpreso, il ricco domandò: "Ma lei non è la persona che ho incontrato in giardino? O forse è il suo gemello?"

"Può darsi" rispose il giardiniere.

Il ricco continuò: "Chi è la persona che si occupa del giardino?"

"Beh, il giardiniere, chi altri?"

Vedendo lo smarrimento del visitatore, il maestro disse: "Non si preoccupi, lei non ha visto due persone uguali ma la stessa persona che svolgeva due lavori diversi. Sono un giardiniere quando mi occupo del giardino e un maestro quando insegno ai miei studenti. A volte gioco a golf. In quell'occasione, sono un perfetto giocatore di golf. Qualunque sia la mia attività, divento quello che sto facendo".

Questo è esattamente quello che intende Amma quando dice: "Svegliate il bambino che è in voi". Un bambino è interamente in ogni cosa che fa, attimo dopo attimo.

Quando l'energia pura dell'amore avrà risvegliato il bambino che è in voi, non perderete mai la pazienza. Un bambino che sta imparando a camminare non si arrende mai. Indipendentemente da quante volte cadrà, la sua determinazione e la sua fede non verranno mai meno. A ogni caduta, si rialzerà con più forza e ricomincerà, fino a quando non riuscirà a camminare.

CAPITOLO 12

Un'altra "piramide della fortuna"

Di recente ho letto un articolo di Justin Fox, direttore dell'Harvard Business Review Group e giornalista di economia e finanza per il Time Magazine. Per quanto breve, l'articolo era ben scritto, con uno stile piacevole e una struttura narrativa simile a quella di una favola. L'autore raccontava un suo incontro con il compianto C. K. Prahalad, esperto di management.

Un mese prima che C. K. Prahalad morisse, Justin Fox aveva pranzato con lui a New York. Nel corso della loro conversazione, il giornalista aveva annotato sinteticamente alcune idee da sviluppare in seguito. Dopo la morte di CK Prahalad, mentre Justin Fox stava pulendo un giorno il suo zaino, trovò diverse pagine di appunti: quelli che aveva preso durante quel pranzo. Ecco come il giornalista ha riassunto i pensieri del grande esperto di management:

"Nel 1850, una macchina da cucire costava più di cento dollari. Poiché il reddito medio annuale di una famiglia americana era di circa cinquecento dollari, quel prezzo era proibitivo per la maggior parte della gente. Successivamente, nel 1856, l'azienda I.M. Singer introdusse un sistema di pagamento a rate. Le vendite triplicarono nel primo anno e la Singer diventò la prima azienda statunitense a conoscere un successo internazionale. Grazie a questa forma di pagamento, i clienti di Singer poterono arricchire e migliorare la qualità della loro vita. CK Prahalad ha descritto questa filosofia con un aforisma: "Se producete per i poveri, anche i ricchi possono comprare, se invece producete per i ricchi, i poveri restano tagliati fuori". Questo è ciò che lui chiama "La fortuna alla base della piramide", un modello commerciale innovativo che consiste nel realizzare un profitto provvedendo alle necessità dei più bisognosi". Facendo eco al libro di Prahalad, *La fortuna alla base della piramide*, l'articolo di Justin Fox si intitolava *La fortuna in fondo al mio zaino*, un modo di esprimere il suo apprezzamento per i preziosi appunti ritrovati quel giorno.

In che misura è giusta la dichiarazione di questo esperto sull'importanza di produrre per i poveri così che anche i ricchi possano approfittarne?

Il punto di vista di Amma è molto diverso. Amma trasforma i ricchi in modo che essi possano aiutare i poveri. Amma crede che, se le persone facoltose sviluppano una visione compassionevole, quelle svantaggiate ne trarranno grande beneficio. Poiché i ricchi dispongono di grandi fortune e delle risorse necessarie, saranno disposti ad aiutare i poveri se si sarà prodotta in loro una trasformazione interiore. Amma aiuta quelli che sono "senza un soldo" provocando un cambiamento nelle persone "che hanno soldi".

Amma dice che esistono due tipi di povertà nel mondo: la prima è causata dalla mancanza d'amore e di compassione, la seconda dalla mancanza di vestiti, cibo e riparo. Se coltiviamo nel nostro cuore l'amore e la compassione, spontaneamente aiuteremo e offriremo cibo, vestiti e riparo a chi non li ha. Pertanto, la povertà data dalla mancanza d'amore è il nemico più grande e deve essere eliminato. Quando Amma incontra e abbraccia le persone, il suo scopo principale è di risvegliare in loro l'amore puro e la compassione.

Amma propone anche un modello di "piramide della fortuna" basato sulle scoperte degli antichi saggi. Questa piramide si eleva sino a raggiungere un livello di "fortuna" qualitativamente molto superiore: una prosperità che dona ricchezza interiore, che nessun bene materiale può procurare. Una caratteristica straordinaria di questo modello perfetto è l'infinita gioia e la soddisfazione che dona anche a chi non possiede nulla. Un altro grande vantaggio di questa "fortuna" è la sua capacità di trasformare sia i nostri successi che i nostri fallimenti in momenti da celebrare.

Non fraintendetemi, questo modello non porta a perdite finanziarie, fallimenti e bancarotta. Assolutamente no, al contrario, ci eleva a grandi altezze, materiali e spirituali.

Anche alla base di questa piramide esiste una forma di "fortuna". Amma dice: "Proprio come una piramide, la vita umana ha quattro aspetti: *dharma, artha, kama* e *moksha* (la ricerca della virtù, del benessere economico, del piacere e della liberazione)". Questi quattro aspetti sono le fondamenta della vita, essenziali per la sopravvivenza di un individuo. Guadagnate pure denaro e godetevi i piaceri della vita, ma fatelo in accordo con il *dharma,* la legge dell'universo. Siate in armonia con questa legge e avrete una felicità duratura e una libertà totale. Confrontate i due modelli e scoprirete che quello suggerito dagli antichi veggenti è infinitamente superiore perché non ci permette soltanto di acquisire beni materiali, ma anche di raggiungere la pace interiore.

Ron Gottsegen era un facoltoso uomo d'affari americano, un uomo di successo, quando incontrò Amma nel 1987, durante la sua prima visita negli Stati Uniti. Ron aveva fondato la *Radionics*, una società per azioni che produceva sistemi d'allarme elettronici. In realtà, è stato l'inventore del primo sistema di sicurezza elettronico programmabile. Come ha detto lui stesso: "Quando incontrai Amma, avevo già provato a me stesso di potercela fare da solo, lontano dalla famiglia, ero indipendente. Avevo già soddisfatto questo bisogno e avevo una solida posizione economica. Sebbene questo non fosse il mio obiettivo principale, il successo era arrivato facilmente e rapidamente, ma non aveva cambiato il mio stile di vita. Fondando un'azienda che fabbricava prodotti di qualità, riconosciuta come leader nel suo settore, avevo cercato soprattutto di esprimere la mia creatività. I rapporti sentimentali non mi avevano mai appagato, anzi, erano sempre stati per me una fonte di disagio, al punto che preferivo la solitudine. Non comprendendo la mia vera natura, non ero emotivamente maturo. Avevo divorziato da quindici anni e mi occupavo personalmente dei miei figli da quando avevano undici e tredici anni".

Per Ron, l'incontro con Amma segnò l'inizio di una grande trasformazione. La sua vita cominciò gradualmente a sbocciare, finché si produsse in lui una presa di coscienza.

"Suppongo che il mio destino fosse già tracciato ma sento che i primi quarant'anni della mia vita mi hanno portato a capire che i valori materiali convenzionali non avevano per me più nessuna attrattiva", ha affermato.

Ecco il seguito della sua storia: "Non ero mai riuscito a penetrare sotto la superficie delle cose, a comprendere il mondo, a guarire le mie vecchie ferite interiori o a cambiare i miei schemi di pensiero e di azione per trovare un punto stabile di calma centrata. Ma negli ultimi ventisei anni, da quando Amma è entrata nella mia vita, sono riuscito ad approfondire la comprensione delle cose, a rompere i vecchi schemi dannosi e a rafforzare quelli benefici. In questa trasformazione, il fattore essenziale è stato poter servire la causa di Amma con amore. In tal modo il mio intuito si è affinato e la saggezza ha potuto manifestarsi. Man mano che la fede e la convinzione diventavano più solide, la mia forza interiore aumentava e sono riuscito a giungere a uno stato di gioia. Si è trattato di un periodo molto fruttuoso per la mia crescita personale. Non so cosa mi riservi il futuro ma in realtà non mi importa molto, perché sento intensamente di essere nel flusso. Sarò per sempre grato ad Amma per quello che mi ha donato e che ancora mi dona".

Guadagnare sempre di più: questa bramosia è indice di un nostro più sottile desiderio interiore, quello di espanderci. Anche se si esprime attraverso il desiderio di acquisire ricchezze, in realtà una tale sete ci richiama alla natura del nostro Sé, che è la felicità. Cerchiamo all'esterno la felicità che si trova in realtà dentro di noi. Ecco perché qualunque successo materiale non ci renderà mai completamente felici.

Il denaro e la felicità possono coesistere pacificamente. Nessuno dei testi religiosi, delle scritture, è mai stato contrario al denaro. Questo concetto è chiaramente esposto nella *Taittiriya Upanishad*, una delle principali Upanishad. Il testo parla di raggiungere quattro obiettivi: la ricchezza, la purezza di mente, la conoscenza e avere degli allievi.

Sebbene la ricchezza sia il primo dell'elenco, l'Upanishad dice: "Poi, conducimi qui *Lakshmi Devi* (la dea della prosperità)". In questo contesto, "poi" significa "dopo aver acquisito la saggezza". Il denaro dovrebbe arrivare solo dopo aver acquisito la conoscenza del *dharma*, la rettitudine, altrimenti sarà dannoso e ci porterà alla rovina. Uno dei grandi problemi che affliggono soprattutto i paesi ricchi è l'incapacità di gestire il denaro nel modo giusto. Questo testo fornisce chiare indicazioni su questo argomento.

L'ordine in cui vengono elencati questi obiettivi è significativo. Per prima cosa occorre acquisire ricchezza, perché il denaro è necessario per vivere e agire nell'ambito in cui ci troviamo. Ci viene chiesto di usare le nostre ricchezze per il bene della società, dovremmo capire come impiegare il denaro per degli scopi giusti. Quando usiamo la ricchezza altruisticamente, per migliorare la società, la nostra mente si purifica. Una mente pura ci consente di acquisire la vera Conoscenza, che è lo scopo supremo della vita. In seguito, dobbiamo insegnare agli altri come mantenere la rettitudine, il dharma.

La conoscenza del dharma è ciò che contraddistingue Amma come leader. "Ogni singolo centesimo che riceviamo deve essere restituito alla società con il massimo interesse. In tal modo, ne avremo sempre abbastanza": questa è la sua politica. Amma è fedele ai suoi insegnamenti, persino il suo corpo è diventato un'offerta alla società. Ecco le sue parole a questo proposito: "Un giorno il corpo perirà. Dunque, piuttosto che arrugginirmi senza fare nulla per elevare la società, preferisco consumarmi offrendo me stessa al mondo. La tragedia più grande non è la morte, ma lasciare che le nostre risorse interiori si arrugginiscano, inutilizzate. Tutto quello che abbiamo ci è stato donato dall'universo, non possiamo quindi rivendicare nulla come nostro. Al massimo, possiamo restituire all'universo tutto ciò che abbiamo ricevuto e impiegare il corpo, la mente, l'intelletto e i nostri beni al servizio dell'intera umanità".

La compianta Yolanda King, figlia di Martin Luther King Junior, direttrice del Centro Martin Luther King negli Stati Uniti, era una grande ammiratrice di Amma. Ecco come esprimeva quello che provava nei suoi confronti: "Ciò che amo di più in Amma è che, oltre a mettere in pratica quello che dice e ad incarnare l'amore incondizionato, esprime questo amore nelle sue azioni. Amma stessa è il cambiamento che lei auspica si produca nel mondo".

CAPITOLO 13

Il potere del rispetto

"Come il fumo avvolge il fuoco e la polvere copre lo specchio, come l'embrione si annida nel ventre materno, così i desideri egoistici nascondono la saggezza".

Bhagavad Gita

"Né il fuoco né l'umidità né il vento possono distruggere le benedizioni generate dalle buone azioni, e le benedizioni illuminano il mondo intero".

Buddha

Alcune persone rimangono nella memoria collettiva per la loro crudeltà e i loro atti disumani, altre per il loro incrollabile coraggio e patriottismo. Pochi individui vengono ricordati per il loro esempio e per le loro qualità di leader, ma ancora più rari sono quelli che vengono ricordati come un faro che illumina il mondo. Queste persone rimangono nella memoria per il circolo virtuoso che continuano a creare, per il loro coraggio e il loro amore incondizionato per l'umanità. Né gli esseri umani né il passare del tempo possono offuscare la loro gloria e il loro splendore.

Come giustamente recita la Bhagavad Gita:

"Eccelle chi considera allo stesso modo i buoni, gli amici, i nemici, gli indifferenti, le persone che non prendono posizione, quelle che hanno il cuore pieno di odio, i parenti, i giusti e gli ingiusti".

Influenzare i cuori in modo duraturo e tramandare alle generazioni future l'ispirazione e il rispetto non è una strada cosparsa di fiori. Se la via fosse stata facile, molti l'avrebbero percorsa con gioia. Si tratta invece di una vita austera: più che assaporare momenti felici e di successo, ci si deve confrontare con le critiche e i fallimenti. Le menti mediocri non comprenderanno mai persone di così larghe vedute, capaci di perdonare ogni offesa. Questi esempi luminosi sono sempre stati vittime di umiliazioni, ma le loro convinzioni sulla vita e sul sistema di valori che hanno scelto di seguire sono ferme e incrollabili come una gigantesca montagna. Gli ostacoli che queste persone devono affrontare non fanno che rinsaldare la propria fede e danno più forza alle loro azioni, aiutandole a portare a termine la loro missione.

Amma dice: "L'istruzione, il sapere, la scienza e la tecnologia ci consentiranno forse di raggiungere vette inimmaginabili ma, se tutto questo favorisce il sorgere di una generazione emotivamente immatura, priva di rispetto e di discernimento, andremo incontro a una vera catastrofe. Se mi chiedete cosa sia più importante, i diritti o il rispetto, direi che ciò che più conta è rivendicare rispettosamente i propri diritti. Affermare i nostri diritti senza nessun rispetto per gli altri aumenterà soltanto il nostro ego. Se invece li rivendichiamo rispettosamente, il nostro amore, la nostra comprensione e la nostra fiducia creeranno un ponte verso gli altri. Se ci avviciniamo agli altri con un rispetto basato su una comprensione profonda, accettando le rispettive differenze, la comunicazione diventerà un dialogo autentico".

Nel 2001, un terremoto devastò il Gujarat occidentale, nell'India settentrionale, provocando la morte di ventimila persone e distruggendo le case della maggior parte dei sopravvissuti. La nostra ONG intervenne adottando tre villaggi in un'area remota denominata Bhuj. Quando arrivammo, gli abitanti temevano che avremmo cercato di influenzare la loro cultura, la loro religione e il loro modo di vivere. Con pazienza, spiegammo che desideravamo ricostruire i villaggi proprio come volevano loro. Abbiamo costruito per le vittime milleduecento case, templi, moschee, chiese e altri luoghi di culto.

Tre anni dopo, nel 2004, uno tsunami colpì l'Asia meridionale e la zona costiera che si affaccia sul Mar Arabico dove si trova la sede della nostra ONG. Anche il nostro centro fu inondato. Non appena ebbero la notizia, centinaia di abitanti di Bhuj accorsero per aiutarci a soccorrere le vittime, mettendo da parte ogni differenza culturale e religiosa. Quando i giornalisti gli chiesero perché avessero intrapreso quel lungo viaggio, dal nord al sud dell'India, risposero: "Quando eravamo nella sofferenza e avevamo perso ogni cosa, la ONG di Amma non cercò di cambiare la nostra cultura, la nostra religione o il nostro modo di vivere. Con compassione, ci diedero ciò di cui avevamo bisogno e noi saremo loro debitori per sempre".

Queste persone hanno tradizioni, abitudini alimentari e uno stile di vita completamente diversi dagli abitanti del Kerala. Il fatto che la nostra ONG avesse rispettato e riconosciuto le tradizioni locali suscitò in loro il desiderio di fare altrettanto e di offrire il proprio sincero contributo alla società. Da allora, ogni volta che in India si verifica una calamità naturale, gli abitanti di Bhuj arrivano sul luogo della sciagura e collaborano con i nostri volontari.

Abbiamo vissuto esperienze simili con alcuni gruppi tribali in Kerala e in altri stati dell'India. I volontari della nostra ONG si sono recati in questi villaggi e hanno vissuto con i loro abitanti, conquistandone la fiducia. In tal modo siamo riusciti a capire i loro problemi e ad aiutarli a trovare delle soluzioni. Queste persone sono rimaste così colpite da quanto avevano ricevuto nel rispetto del loro modo di vivere, che hanno desiderato fare qualcosa per la società. Hanno così cominciato a coltivare più ortaggi, in modo da poter donare l'eccedenza agli indigenti.

Permettetemi di citare ancora una volta Amma: "Non basta somministrare l'insulina a un paziente diabetico, occorre anche insegnargli ad alimentarsi adeguatamente e a fare attività fisica per stabilizzare il livello della glicemia. Allo stesso modo, sebbene i governi si stiano impegnando a ridurre la povertà, non è sufficiente preoccuparsi dei bisogni materiali e offrire cibo, denaro e un alloggio. Bisogna anche nutrire lo spirito. Il cibo dell'anima è l'amore. Laddove c'è amore, c'è rispetto. Il 90% dei problemi del mondo odierno è causato dalla mancanza di amore, di compassione e di perdono. Proprio come il corpo necessita di cibo per crescere, così l'anima ha bisogno d'amore per crescere e sbocciare. Da questo amore scaturisce un atteggiamento di rispetto, questa è la nostra unica speranza per il futuro".

La seguente esortazione è tratta dalle antiche scritture indiane:

Matru Devo Bhava, Pitru Devo Bhava,
Acharya Devo Bhava, Athithi Devo Bhava.

Considera la madre come Dio, il padre come Dio, il maestro come Dio e l'ospite come Dio.

Alcune compagnie aeree private indiane si rivolgono ai propri passeggeri chiamandoli "ospiti", affinché possano sentirsi benvenuti. Quando invitiamo qualcuno, non fa forse parte dell'ospitalità trattarlo con amore e rispetto? Immaginiamo ora di gestire i nostri affari in un edificio per uffici di nostra proprietà o in affitto: in entrambi i casi, siamo a casa nostra. Anche se gli impiegati percepiscono uno stipendio, non sono in realtà nostri ospiti? Li abbiamo invitati, anche se in questo contesto l'invito si chiama "lettera di assunzione". Se guardiamo la situazione da questo punto di vista, non dovremmo trattare i nostri dipendenti con rispetto e amore come parte del contratto di lavoro?

Non sto suggerendo che bisognerebbe organizzare quotidianamente momenti di svago, divertimenti o feste e neppure che un imprenditore dovrebbe indire ogni giorno delle sessioni interattive, a cuore aperto, con i propri dirigenti e impiegati.

Intendo semplicemente dire che, invece di vedere i collaboratori solo come degli impiegati qualificati che percepiscono uno stipendio, dovremmo cercare di dare il giusto valore alla loro presenza nell'azienda. Ogni volta che se ne presenta l'occasione, esprimiamo ai nostri collaboratori, con un sorriso caloroso e qualche commento gentile, la nostra gratitudine per la loro partecipazione. Informarsi cordialmente sulla salute dei loro familiari può avere un forte impatto.

Vedo accadere tutto questo, ma su più larga scala, nella vita di Amma. Persino in mezzo a una grande folla, ho osservato la sua premura verso tutti, in particolare verso gli ammalati e gli anziani. Appena Amma inizia a interagire con le persone presenti a un programma, la prima domanda che fa ai suoi collaboratori più stretti è: "Vi siete assicurati che gli ammalati e gli anziani siano ben assistiti? Dite ai volontari di dare loro la priorità nella fila del darshan. Offrite a queste persone del cibo e raccomandate ai familiari di somministrare loro le medicine al momento giusto, soprattutto se sono diabetici o ipertesi. Bisogna anche dare la precedenza alle madri con bambini piccoli". Molto spesso prende in mano il microfono e fa lei stessa questi annunci.

Inoltre, se la giornata è afosa o la notte gelida, Amma chiede di collocare un telo che ripari le persone dal sole o, se fa molto freddo, di accendere delle lampade riscaldanti.

L'ex amministratore delegato e presidente Jim Sinegal, che ha fondato la Costco e ne ha fatto, prima di andare in pensione, la terza azienda di vendita al dettaglio degli Stati Uniti, era noto per la giustizia e la bontà con cui trattava i propri dipendenti. Mentre i suoi concorrenti tagliavano i benefit, Sinegal aveva creato un modello che ricompensava generosamente gli impiegati. La Costco è conosciuta per offrire ai magazzinieri e ai commessi uno stipendio superiore alla media. Il risultato? Poche dimissioni, riduzione dei costi di formazione e un clima familiare sul luogo di lavoro.

Non occorre neppure cercare nuovo personale, perché i dipendenti sono felici di suggerire ai propri famigliari e amici di lavorare per la Costco. L'86% dei lavoratori ha un'assistenza sanitaria e dei benefit, nonostante la metà di loro abbia un contratto part-time. Lo stipendio medio è di 19 dollari l'ora. Durante la recessione, Costco non ha avuto bisogno di licenziare.

"È veramente molto semplice ed è un buon affare. Quando assumi delle persone capaci e offri loro un buon impiego, un buon salario e una carriera, i risultati non potranno che essere positivi", afferma Sinegal. "Cerchiamo di trasmettere un messaggio di qualità in ogni cosa che facciamo e siamo convinti che il punto di partenza siano le persone. Non serve a molto avere un'immagine di qualità, che si tratti dei negozi o della merce, se chi si occupa dei clienti non è una persona qualificata e capace".

Sinegal è stato un buon esempio di umiltà. Il suo ufficio si trovava nel corridoio della sede della Costco a Issaquah, nello stato di Washington. L'ufficio non aveva una porta e neppure una parete di vetro che separasse Sinegal dai dipendenti. Chiunque poteva passare e parlargli, in qualsiasi momento. Mentre quasi tutti i dirigenti chiedono ai loro interlocutori di chiamare la loro segretaria che poi gli passerà la telefonata, lui dava tranquillamente anche il suo numero di cellulare.

Sinegal non era circondato da un esercito di assistenti. Nonostante fosse a capo di un impero da settantasei miliardi di dollari, era onesto, diretto e concreto. La sua scrivania era un tavolo pieghevole rivestito di formica (in vendita da Costco). Quest'uomo non si concedeva nessun lusso. Ma, soprattutto, poiché i suoi collaboratori e clienti avevano ai suoi occhi un grande valore, egli ascoltava costantemente i loro commenti, sforzandosi di capire come poter essere loro d'aiuto.

Per quanto riguarda la gestione del tempo, come possiamo trovare il tempo di esprimere un rispetto sincero e premura per i nostri collaboratori nella nostra vita frenetica? Amma è una delle persone più occupate al mondo: lavora 365 giorni all'anno, sette giorni su sette, ventiquattro ore su ventiquattro, senza mai prendersi un giorno di riposo. Dopo essere rimasta seduta per ore a incontrare la gente, quando la notte rientra in camera, trova ancora il tempo di leggere tutte le lettere, telefonare a un volontario impegnato in uno dei progetti umanitari, preparare e discutere nuove iniziative.

La maturità non ha niente a che vedere con l'età. C'è una grande differenza tra l'età matura e l'invecchiamento. L'età matura sopraggiunge solo quando, attraverso la contemplazione, appianiamo e dissolviamo tutti i sentimenti negativi che abbiamo accumulato verso gli altri. Dedicate un po' di tempo ogni giorno a far emergere i vostri sentimenti feriti, i traumi non ancora guariti, causati da una persona vicina o lontana. Visualizzate mentalmente questa persona e immaginate di tenere in mano una bellissima rosa profumata. Immaginate che la bellezza del fiore riempia il vostro cuore e la vostra anima. Con la preghiera "Possa la mia vita aprirsi come questo fiore", offrite a questa persona la rosa, dicendo: "Ti perdono. Ti prego, perdonami se ti ho fatto del male".

La saggezza sorge gradualmente, quando superiamo le emozioni negative, assimilandole. In questo passaggio, il passato viene trasceso e superato ed è allora che si acquisisce la maturità e si entra nell'età matura. Se non si passa attraverso questo processo, si tratta solo di invecchiamento. Sarebbe però stupido aspettare così a lungo per raggiungere la saggezza e la maturità. Se lo desideriamo, possiamo acquisire queste qualità molto prima. Come dice Amma: "Proprio come passiamo dall'asilo alla scuola elementare, o come mangiamo e dormiamo, così assimilare e praticare i valori dovrebbe essere parte integrante della nostra vita".

Solo un dirigente che abbia la maturità necessaria è capace di rispettare e amare il suo staff. Il rispetto e una sincera attenzione per gli altri sono le due qualità principali che un buon leader dovrebbe avere. Molti giovani leader e manager sono pieni di idee brillanti, hanno una vivacità e un entusiasmo straordinari e sono in grado di cambiare il mondo. Tuttavia, dovrebbero anche nutrire rispetto per gli altri. Sfortunatamente, la mancanza di rispetto è la caratteristica di molti giovani.

Amma dice che, in realtà, la giovinezza è il punto centrale della vita. Un giovane non è più un bambino e non è ancora un adulto. I giovani hanno un'energia prodigiosa. Se guidati adeguatamente, possono addestrare la mente e attingere all'energia infinita che è nell'istante presente. Sfortunatamente, la fase della vita umana denominata gioventù sta scomparendo. Nel mondo di oggi, le persone passano direttamente dall'infanzia alla vecchiaia senza mai maturare. Questa mancanza di maturità impedisce lo sviluppo dell'amore e del rispetto.

Ecco una breve e bellissima poesia di Shel Silverstein, autore, artista, vignettista, drammaturgo, poeta, attore, paroliere e interprete, vincitore di un Grammy e candidato all'Oscar:

Il bambino e il vecchio

"A volte mi cade di mano il cucchiaio", disse il bambino.
"Capita anche a me", disse il vecchio.
"Mi bagno i pantaloni", sussurrò il piccolo.
"Anch'io", disse ridendo il vecchietto.
"Piango spesso", disse il bambino.
"Anch'io", annuì con il capo il vecchio.
"Ma c'è di peggio", disse il bambino, "mi sembra che gli adulti non mi diano retta".
Sentì il calore di una vecchia mano rugosa.
"So cosa intendi", disse il vecchietto.

CAPITOLO 14

L'ahimsa in azione

"Per me, il mondo si divide in due parti: dove c'è lei tutto è felicità, speranza, luce, dove lei non c'è, tutto è tristezza e tenebre..."

Lev Tolstoj, "Guerra e pace"

La mia interpretazione delle parole di Lev Tolstoj è che "lei" si riferisca al femminile e "dove lei non c'è" indichi il maschile. Questo concetto è simile a quello induista dell'Ardhanariswara, (in cui la personificazione del Divino in un corpo metà uomo e metà donna simboleggia le energie maschili e femminili, lo yin e lo yang).

La guerra e la pace fanno oggettivamente parte della natura del mondo. Quando non c'è un conflitto esteriore, c'è un conflitto interiore. Il conflitto interiore esprime quello esteriore, è un circolo vizioso. Osservare rigorosamente l'*ahimsa* (la non violenza) è poco praticabile. Quello di cui abbiamo effettivamente bisogno è una forma di non violenza che sia alla nostra portata. *Ahimsa* è un concetto molto profondo, ma c'è un modo per attuare questa nobile virtù senza che essa interferisca con le nostre attività quotidiane? Non vogliamo che si dica: "L'idea è buona ma irrealizzabile".

Ritengo che il Signore Krishna abbia attuato la forma più sensata di *ahimsa*. Né lui né i fratelli Pandava scelsero d'intraprendere la guerra che si svolse sul campo di battaglia di Kurukshetra. Duryodhana e i suoi fratelli, consigliati e influenzati dal padre, fisicamente e mentalmente cieco, e dal malvagio zio Sakuni, ebbero l'intera responsabilità di questa guerra. Complottarono, ingannarono e si appropriarono di tutto quello che apparteneva di diritto ai Pandava. Cacciarono dal Paese i loro cugini e cercarono ripetutamente di uccidere i cinque fratelli, che erano degli uomini giusti.

Quando i Pandava ritornarono dopo aver trascorso tredici lunghi anni nella foresta, i Kaurava si mostrarono inflessibili e rifiutarono di restituire loro il regno e gli altri privilegi che spettavano loro di diritto. Krishna fece del suo meglio per tentare di instaurare la pace tra loro ed evitare la guerra e la terribile distruzione che avrebbe provocato, ma ogni suo tentativo fallì quando il perfido Duryodhana proclamò con arroganza: "Sono pronto a sacrificare la mia vita, la mia ricchezza, il mio regno, tutti i miei beni, ma non potrò mai vivere in pace con i Pandava. Non cederò loro nemmeno la terra su cui poter piantare la punta di un ago". Duryodhana trovò delle scuse per giustificare la sua natura: "Io sono ciò che gli dèi hanno fatto di me". Chiuse così irrimediabilmente tutte le porte che conducevano alla pace e scelse implacabilmente la guerra. Chiunque agisca in tal modo dovrà un giorno raccogliere i frutti delle proprie azioni, indipendentemente dalla sua arroganza e dalla ricchezza, dal potere e dal sapere che ha acquisito. Questo fu indubbiamente il caso di Duryodhana, che conobbe alla fine una morte atroce.

Quando ci viene rifiutato quello che è legittimamente nostro, abbiamo forse altra scelta se non quella di combattere? O quando qualcuno è determinato a distruggerci, a buttarci in strada o ci nega il diritto di vivere? Che si parli di 5.000 anni fa o di oggi, questo principio è sempre valido. Nessun individuo o nazione che si rispetti, nessun membro della comunità internazionale accetterebbe mai tali condizioni.

Il *Mahabharata* è la descrizione potente e concreta di una situazione molto reale. È in mezzo al frastuono e al clamore del campo di battaglia che Krishna impartisce il suo insegnamento ad Arjuna e gli fa comprendere che deve assolvere ai propri doveri di guerriero. Nella storia dell'umanità, non troveremo mai un esempio così straordinario di calma in mezzo al caos come nella Bhagavad Gita.

La guerra del Mahabharata sta per iniziare. All'improvviso, travolto dal dolore nato da un intenso attaccamento emotivo, Arjuna depone il suo arco e rifiuta di combattere. Ricordatevi che i suoi nemici sono determinati a distruggere lui, i suoi fratelli e tutta la sua stirpe. Sopraffatto dall'angoscia, Arjuna cade preda del delirio e dell'illusione. Invece di adempiere al proprio dovere e proteggere la sua gente e il regno, comincia a filosofare. In questo momento estremamente critico, spetta a Krishna il compito apparentemente impossibile di aiutare Arjuna a superare la situazione, instillando in lui la fede e il coraggio necessari a combattere e a vincere la guerra. Nella vita incontriamo tutti delle sfide, delle circostanze che possono farci sprofondare in uno sconforto simile a quello di Arjuna. È quindi importante avere una guida come Krishna.

Certamente *ahimsa* significa non fare del male a nessuno, né con le parole né con le azioni, astenersi dal ferire consapevolmente ogni essere, compresi noi stessi. Alcuni ritengono che persino cogliere un frutto da un albero sia violenza, *himsa*. In tal caso, anche mangiare un frutto maturo caduto dall'albero può essere *himsa*, perché spesso, con la frutta e gli ortaggi, mangiamo anche i semi che vi sono contenuti. Non stiamo quindi distruggendo le piante o impedendo loro di nascere? Pur inconsapevolmente, non uccidiamo forse ogni giorno moltissimi esseri viventi quando camminiamo, parliamo, respiriamo, beviamo o mangiamo?

Con Amma le giornate prive di impegni sono molto rare. Sia nella nostra sede principale in Kerala che quando viaggiamo in altre parti del mondo, la politica di Amma è dare sempre il massimo alla gente. Sono quarant'anni che Amma si comporta in questo modo. Lasciate che vi racconti un episodio accaduto qualche anno fa, in Svizzera. Era una di quelle occasioni speciali in cui ci potevamo godere una giornata libera. Quella sera, Amma andò a fare una passeggiata accompagnata da alcuni di noi. A un certo punto ci sedemmo tutti vicino a un meleto insieme con il proprietario del terreno.

Era una bella serata, piacevole, rischiarata ancora dai raggi del sole. Una natura generosa ci circondava e respiravamo l'aria pura. Per circa mezz'ora assaporammo il silenzio interiore, poi qualcuno chiese ad Amma se ci fosse una soluzione per i problemi del mondo contemporaneo. Amma rispose: "In una parola: 'l'amore'. In due: 'l'amore e la compassione'. Se aggiungiamo anche 'la pazienza', possiamo risolvere tutti i più gravi problemi del mondo. Lasciate che queste qualità abbiano un'influenza predominante sulla vostra vita. In effetti, è sufficiente praticare una di queste qualità, le altre seguiranno".

Quando fummo sul punto di alzarci e andarcene, Amma volle improvvisamente dare a ognuno qualcosa. Poiché non avevamo nulla con noi, le fu suggerito di cogliere qualche mela. Amma si alzò, si avvicinò a un melo e poi, congiungendo le mani, si inchinò all'albero e disse: "Perdonami, ti prego, e permettimi di raccogliere qualche mela..." Attese alcuni secondi, come se aspettasse il permesso, e poi staccò gentilmente qualche frutto ben maturo. Prima di tornare a sedersi, Amma si inchinò nuovamente all'albero.

Prima di andarsene, prese alcuni petali di fiori e li offrì all'albero, rendendogli omaggio. Con la bottiglia d'acqua di una persona del gruppo annaffiò la base dell'albero dicendo: "La tua disponibilità a condividere tutto ti dona tanta bellezza. Possa il tuo esempio essere ricordato e ispirare tutti quelli che si accostano a te".

In uno dei suoi discorsi, Amma afferma che proteggere, preservare e, soprattutto, onorare la natura faceva parte di molte antiche culture. Oggi non abbiamo più questo atteggiamento di riverenza, questa straordinaria visione compassionevole che i nostri antenati nutrivano per tutte le forme di vita. Se i nostri sforzi per salvaguardare la natura non hanno sempre successo, questo è dovuto soprattutto alla mancanza di rispetto.

La vera *ahimsa* è l'amore che trabocca e si manifesta sotto forma di azioni compassionevoli. In quasi tutti gli ambiti della conoscenza ci sono dei visionari. In realtà, quello che manca sono delle persone che abbiano una "prospettiva visionaria" della vita e compiano le loro azioni con una prospettiva più ampia, guardando al bene comune.

Adottare una leadership compassionevole non significa non agire, rimanere in silenzio e ingoiare tutte le umiliazioni e le azioni ingiuste commesse contro di noi o contro gli altri. Si tratta piuttosto di un atteggiamento coraggioso, della straordinaria capacità di rimanere vigili e pienamente coscienti in ogni circostanza della vita. La luce del giusto giudizio, del discernimento e della maturità non abbandona mai un leader compassionevole.

Quando Amma cominciò a ricevere le persone, abbracciandole, i membri della sua famiglia protestarono ed espressero la loro totale disapprovazione.

Da un certo punto di vista, questo atteggiamento è comprensibile, perché il fatto che una ragazza abbracciasse persone di ogni età, sia maschi che femmine, era inconcepibile nella loro cultura. Essi temevano che il comportamento di Amma disonorasse irrimediabilmente la sua famiglia e tutti i parenti. La preoccupazione più grande era che nessuna famiglia rispettabile facesse una proposta di matrimonio a una delle ragazze della famiglia.

Quando tutti i loro sforzi per impedire ad Amma di continuare con questo "strano comportamento" fallirono, un cugino la chiuse in una stanza e, tirando fuori un coltello, minacciò di ucciderla se non avesse smesso di abbracciare la gente. Imperturbabile e senza cedere neanche di un millimetro, Amma rispose con calma: "Uccidimi se vuoi ma, qualunque cosa accada, non cambierò il mio modo di agire. Desidero offrire la mia vita al mondo, confortare e consolare chi soffre fino al mio ultimo respiro. Mi sono interamente votata a questa causa". Come osservò giustamente il Mahatma Gandhi: "Un 'no' pronunciato con la massima convinzione è meglio di un 'sì' mormorato a mezza voce per compiacere l'interlocutore o, peggio ancora, per evitare guai".

Davanti a una persona che manifesta un coraggio incrollabile e una tale assenza di paura persino di fronte alla morte, l'aggressore, per quanto malvagio, si sentirà improvvisamente debole e disarmato. Avendo visto con i suoi occhi la forza di volontà di Amma e avendo sentito la fermezza delle sue parole, il cugino rimase scioccato e lasciò disperato la stanza.

Qualche mese più tardi, l'uomo si ammalò e Amma andò in ospedale a fargli visita. Si sedette al suo fianco, lo aiutò a mangiare e gli parlò dolcemente. Lui era pieno di rimorso, ma la visita di Amma e le sue parole amorevoli lo aiutarono ad aprirsi. Ammise il proprio errore e chiese scusa ad Amma e lei lo aiutò a ritrovare la gioia e la pace. Solo chi è senza paura può perdonare, e chi perdona sarà sempre senza paura. A dire il vero, chi non è capace di perdonare non può essere un buon leader. Perdonare significa dimenticare il passato.

L'episodio che vi ho appena raccontato è un esempio straordinario di perdono e di assenza di paura. Se il leader è come una luce capace di illuminare una città intera, chi lo segue lotterà per essere almeno una candela.

Durante lo tsunami del 2004, Amma diede prova di grande coraggio. Subito dopo la seconda ondata, quando anche i nuotatori più esperti e i pescatori abituati ad andare in alto mare sembravano paralizzati dalla paura, Amma avanzò sicura nelle acque dell'inondazione. Un'altra ondata sarebbe potuta arrivare in qualsiasi momento ma Amma non si preoccupava affatto per se stessa, la sua preoccupazione era unicamente rivolta agli altri.

"Non preghiamo di essere protetti dai pericoli, ma di avere il coraggio di affrontarli".

Rabindranath Tagore

CAPITOLO 15

Aggressività o fermezza?

La situazione del mondo in cui viviamo non sarebbe così tragica se i nostri nonni fossero stati abbastanza saggi da prendere le decisioni giuste. Oltre a raccogliere il frutto dei nostri errori, raccogliamo anche quello delle loro azioni. Detto ciò, ricordiamoci che le nostre azioni influiranno sicuramente sulle generazioni future. È evidente che non stiamo dando il buon esempio. Non possiamo non chiederci cosa riservi l'avvenire alle generazioni che verranno dopo di noi, ai nostri figli e nipoti.

La nostra folle arroganza ha già provocato danni irreparabili alla natura e all'umanità. Ovunque andiamo, incontriamo individui che si considerano degli eletti. Non è raro vedere in un poliziotto appena arruolato, in un manager giovane e inesperto, in professionisti, artisti, operai, e persino nei ricercatori spirituali e nei leader religiosi, l'atteggiamento: "Chi sei tu per insegnare a me?"

Da quello che ho potuto osservare, in questo mondo esistono tre tipi di persone egocentriche: quelle estremamente egocentriche, quelle diplomaticamente egocentriche e quelle umilmente, sottilmente egocentriche. È facile riconoscere le prime, la loro natura si esprime apertamente. Non si può fare molto a riguardo, ma si possono prendere delle precauzioni.

Anche gli egocentrici diplomatici sono facili da riconoscere: appena sotto la superficie, possiamo vedere il loro ego pronto a balzare fuori. Al contrario, le persone umilmente egocentriche non sono facili da individuare, indossano quasi sempre una maschera che ci impedisce di scoprirle. Il loro modo di comunicare, le parole che usano, il tono e l'aspetto esteriore traboccano di un'umiltà estremamente ingannevole. Questi individui sono molto più pericolosi di quelli che esprimono il proprio ego apertamente. Inoltre, questa forma sottile di ego è spesso molto più forte delle altre due.

Amma dice: "L'arroganza è come un fiore che al mattino proclama orgogliosamente e a testa alta: "Guardatemi, ammirate la mia bellezza, in tutto il creato io sono il migliore". Quando però arriva il tramonto, stremato, esausto e senza più pretese, il fiore rimane con il calice piegato prima di cadere dall'albero".

Il nostro carattere è profondamente radicato in noi. Alcune forti tendenze, abitudini e schemi comportamentali sono innati, mentre altri si sviluppano o vengono coltivati. Per descrivere il carattere in termini scientifici, potremmo dire che è scritto "nei geni". Di fronte a tale situazione, non è possibile esercitare un'influenza dall'esterno, la correzione deve essere fatta dall'interno.

Peter Drucker dice: "Per essere in grado di gestire se stessi, è necessario chiedersi: 'Quali sono i miei valori?' L'etica esige che vi chiediate: 'Che tipo di persona desidero vedere la mattina quando mi guardo allo specchio?'"

Il fatto è che molti manager competenti hanno il difetto di essere estremamente arroganti e, quando tali persone valutano se stesse, considerano la propria arroganza una virtù invece che un difetto. Un manager incapace di controllare la propria arroganza perde spesso molte opportunità meravigliose.

Ho visto il modo in cui Amma tratta le persone di questo stampo. Qualche anno fa, nella sala d'aspetto dell'aeroporto di Detroit, incontrai il direttore di una multinazionale. L'uomo stava andando con la sua famiglia in India e più precisamente in Kerala, dov'era nato e cresciuto. Sebbene non ci fossimo mai incontrati prima, ebbi con lui una lunga conversazione. A dire il vero, fu soprattutto un monologo perché fu lui a parlare per la maggior parte del tempo. Mentre mi raccontava la sua vita, insistette orgogliosamente sul fatto che era un ateo convinto. Questo continuo ripetere le sue convinzioni mi fece supporre che, in fondo, non ne fosse così sicuro. Per essere onesto, più parlava, più assumevo un atteggiamento critico.

A un certo punto non riuscii più a sopportare la sua vanità e le sue affermazioni arroganti. Mi ricordai di una citazione di Albert Einstein: "Ciò che mi separa dalla maggior parte dei cosiddetti atei è un sentimento di profonda umiltà e riverenza verso i segreti impenetrabili che governano l'armonia del cosmo".

Mentre conversavamo, Amma entrò nella sala d'aspetto. Quello che è straordinario in lei è che nessuna situazione le è mai estranea, a prescindere dal paese in cui si trovi o dalla cultura delle persone con le quali stia comunicando. Arrivò come sempre, in modo semplice e naturale, senza darsi nessuna importanza.

Non appena il mio "amico ateo" la vide entrare, il sorriso svanì dal suo volto. Stando vicino a lui, potevo vedere il linguaggio del suo corpo cambiare, percepivo le vibrazioni ostili che emanava. Fece rapidamente un passo indietro ma Amma fu più rapida. Con un sorriso, gli mise le mani sulla spalla e chiese: "Lei è del Kerala?"

Lui mi lanciò uno sguardo al quale risposi con un sorriso. Quando qualcuno che consideri strano ti accetta molto naturalmente, è difficile continuare a rimanere chiusi. È come quando un bambino ci sorride: non possiamo fare a meno di ricambiare il sorriso, anche se si tratta del figlio del nostro nemico. L'uomo sembrò un po' sconcertato dal comportamento insolito di Amma e fu costretto a rispondere: "Sì". Seguì un'altra domanda: "È di Trissur?"

Visibilmente sorpreso che Amma avesse indovinato la sua città natale, rispose con una domanda: "Come fa a saperlo?"

"Dal suo accento" rispose Amma.

"Da quanto tempo vive negli Stati Uniti?"

"Solo da cinque anni".

A quel punto, la moglie e le due bimbe si avvicinarono. Amma sorrise loro e chiese all'uomo: "La sua famiglia?"

"Sì".

Amma chiamò le bambine vicino a sé, le abbracciò e le baciò sulle guance. Vedendo questo, la moglie appoggiò spontaneamente la testa sulla spalla di Amma e ricevette anche lei un caldo abbraccio.

L'uomo mi guardò, i suoi occhi non erano più gli stessi dell'inizio del nostro incontro, c'era come una piccola scintilla. Per farla breve, restarono tutti seduti accanto ad Amma fino al momento dell'imbarco. Prima di andarsene, anche lui volle essere abbracciato da Amma.

L'uomo finì per togliersi la maschera che aveva indossato fino a quel momento e si rivelò un ascoltatore interessato e attento a quanto Amma aveva da dire. Tuttavia, Amma aveva prima ascoltato con pazienza e attenzione le sue convinzioni atee, la storia della sua famiglia e il racconto di quello che aveva fatto in passato.

Fu solo quando lui ebbe finito di parlare che Amma disse: "Sono d'accordo con quello che ha detto; qualunque siano le sue credenze, se lei prova empatia per chi è meno fortunato, se è pronto ad aiutare i poveri e i bisognosi, io la ammiro. Ognuno è libero di avere le proprie opinioni politiche. Rimanga pure ateo ma si comporti come un essere umano e abbia fede nei valori umani. Proprio come tutti i partiti politici degni di questo nome, anche la spiritualità crede che sia giusto e sia bene servire i nostri fratelli, i poveri e gli oppressi. È quasi impossibile non commettere errori, ma almeno possano le nostre inclinazioni e convinzioni recare il minor danno possibile a noi stessi e alla società e procurare il massimo beneficio a entrambi".

L'atteggiamento dell'uomo cambiò improvvisamente. Il suo aspetto era diverso, non era più rigido come all'inizio. Mentre andava via, mi disse: "Incontrare Amma è stata una vera esperienza, sono rimasto molto colpito dalla sua semplicità e dal suo atteggiamento critico. In realtà, sono stato io a giudicarla. Mi dispiace. Sicuramente ci incontreremo ancora".

Non so se questa trasformazione sia stata duratura, ma l'incontro ebbe un effetto profondo su quest'uomo e potrebbe aver segnato l'inizio di un nuovo capitolo nella sua vita. Affinché questo accadesse, Amma ha dovuto avere innanzitutto un approccio aperto e non critico.

L'ho vista più volte conversare con persone di questo tipo, intellettuali, scienziati o non credenti. Amma ascolta ogni parola. Interviene solo quando l'interlocutore ha finito di esprimere la propria posizione e, la maggior parte delle volte, inizia dicendo: "Quello che lei ha detto è giusto, sono d'accordo con lei, ma..." e prosegue esprimendo il proprio punto di vista.

Questo è un approccio incredibilmente efficace, che ogni professionista può adottare. In effetti, questa tecnica fa miracoli. Siate pazienti e fate sentire al vostro interlocutore che lo state ascoltando con profondo interesse. Le persone si aprono facilmente ad Amma perché pensano: "Ecco qualcuno che dà valore alle mie opinioni e osservazioni. È la persona giusta con la quale comunicare e lavorare. Lei mi capisce".

Parlate con un qualsiasi professionista che collabori con le istituzioni di Amma o con i numerosissimi volontari che prestano servizio disinteressato nella grande rete umanitaria della nostra ONG, ascoltate le loro storie. C'è un filo comune che lega tutte queste persone: il legame personale che hanno con la loro guida.

Questo mi ricorda alcune parole di Amma: "L'amore è la nostra vera essenza. L'amore non ha limiti di casta, religione, razza o nazionalità. Tutti noi siamo *perle* infilate sullo *stesso filo* dell'amore".

Poiché l'amore è l'ingrediente essenziale, il legame si stabilisce in modo spontaneo. La relazione si sviluppa naturalmente, è così naturale che ogni persona arriva a un punto in cui comprende che "questo è quello che voglio. Il legame con lei nutrirà la mia anima, guarirà il mio corpo e la mia mente".

Mi stupisco ancora di come Amma riesca ad attrarre innumerevoli professionisti da tutti i settori e da ogni parte del mondo per prestare servizio nella sua organizzazione. Non ho una risposta a questa domanda, ma vedo chiaramente che queste persone, che non cercano fama e notorietà, hanno ora delle opportunità che non avrebbero mai avuto se fossero rimaste nel loro paese e avessero mantenuto la loro posizione.

A nome di *Amrita* e di Amma, entrano in relazione con esperti di ogni parte del mondo e cominciano a essere conosciuti per il ruolo che svolgono nella nostra organizzazione.

Essi vedono inoltre che Amma è profondamente corretta, che non ha secondi fini, e possono fare l'esperienza diretta e tangibile che il solo e unico scopo di Amma è servire altruisticamente la società attraverso un'equa distribuzione della ricchezza, quella interiore dell'amore e della compassione e quella esteriore delle risorse. Queste persone possono quindi decidere facilmente e senza preoccupazioni di lavorare con Amma.

Questo non significa che non ci siano problemi. Le difficoltà esistono, si presentano di tanto in tanto, ma si trova sempre una soluzione. In genere, per risolvere i problemi è sufficiente un incontro informale o una conversazione. E soprattutto, se necessario, Amma è sempre accessibile, in qualsiasi momento del giorno e della notte. Amma è il potente catalizzatore, il filo conduttore che unisce tutti noi.

Ogni membro della nostra organizzazione, a prescindere dalla sua posizione o dal suo ruolo, ha con Amma un legame spontaneo. Qualsiasi problema sorga, presentarlo ad Amma significa risolverlo. Questo è il limite invalicabile.

Amma è il Rettore dell'Università Amrita, forse l'unico Rettore accessibile a chiunque. Le si possono sottoporre direttamente tutte le lamentele, le richieste e i problemi, siano essi personali o professionali.

Quando occorre, Amma dà prova di fermezza, ma non si mostra mai aggressiva né arrogante. L'aggressività e la fermezza sono due stati psicologici differenti. Nelle nostre interazioni quotidiane, sentiamo le persone affermare: "Ho solamente mostrato la mia fermezza". Se osserviamo le cose più da vicino, scopriamo che, in realtà, avevano un atteggiamento bellicoso e aggressivo, non fermo.

In genere, un comportamento aggressivo nasconde un'intenzione, un motivo personale, ed esprime presunzione, piuttosto che fiducia in se stessi. La fermezza testimonia invece la fiducia in se stessi che nasce dall'esperienza. In altre parole, l'aggressività è la manifestazione esteriore di un ego immaturo.

Per contro, la fermezza nasce da un ego più maturo. L'aggressività consiste per lo più in un atteggiamento chiuso e ostile, la fermezza è un comportamento raffinato ed elegante. La differenza tra i due atteggiamenti è immensa. Nel primo caso vi è poca considerazione per gli altri: "Qualunque sia l'obiettivo, voglio vincere e guadagnare. Non mi interessa se tu ottieni qualcosa oppure no, punto".

Un individuo che si comporta con fermezza, invece, considera con garbo le opinioni e i punti di vista altrui. Questa percezione si manifesta in molte forme e con diversi livelli di intensità. Analogamente, in base alla maturità e alla capacità di comprensione della persona, l'aggressività ha gli stessi livelli di intensità.

Nella mia esperienza, Amma è un leader unico perché sa essere diplomaticamente ferma e, al tempo stesso, ricettiva e compassionevole. Potrei dire che è "dura come un diamante e delicata come un fiore". Scorre come un fiume ed è solida come una montagna. Ha la particolare e impareggiabile facoltà di stabilire un contatto, esteriore e interiore, con le persone. A proposito dei suoi abbracci, Amma dice: "Non si tratta solo di un abbraccio fisico, di un incontro tra due corpi, ma di un vero incontro tra due cuori". Questa comunicazione da cuore a cuore è la chiave per stabilire il contatto.

Amma cerca difficilmente d'imporre qualcosa ma quando si verifica una sciagura, quando la situazione è critica, intensifica il suo flusso di energia. In quei momenti, Amma mostra una grande fermezza. Va tuttavia sottolineato che ne controlla l'intensità e non permette mai all'energia dell'aggressività di manifestarsi e di prendere il sopravvento su di lei o sul suo gruppo.

Questi "scenari di energia ad alti livelli" ci immergono in onde di vibrazioni positive e sono fonte d'immensa ispirazione. Questa è la sensazione mia e di altre migliaia di persone che servono il mondo sotto la leadership di Amma. Sarebbe irrealistico affermare che in tali situazioni non ci sia nessuna tensione. Tuttavia, anche in circostanze così difficili, Amma riesce a instillare nel cuore dei membri del suo staff un senso di profonda soddisfazione ed entusiasmo. Le persone non lavorano per forza o per paura, le loro uniche motivazioni sono l'amore e l'ispirazione ricevuti da Amma. Così, anche se il corpo è stanco, la mente e la fiamma dell'entusiasmo continuano a brillare.

Amma ha diversi modi di gestire le situazioni. In base alle circostanze e all'indole, alla cultura e al carattere delle persone coinvolte, adotta il piano più adatto per portare a termine il lavoro in modo rapido ed efficace, limitando i costi. Normalmente, Amma riunisce tutti i partecipanti del gruppo per discutere i minimi dettagli ma, nei momenti di crisi e nelle catastrofi, la sua modalità di gestione è completamente diversa. In queste circostanze, è lei a prendere in mano la situazione. Dà ogni direttiva e instancabilmente, senza mangiare né dormire, sovrintende alla pianificazione e all'esecuzione del progetto. Amma è esperta di modelli di gestione ad alta, media e bassa velocità e sa anche quando premere sull'acceleratore.

Dopo le inondazioni del Karnataka (regione di Raichur) del 2009, la nostra ONG si impegnò a costruire 2.000 case nell'ambito di un progetto di ricostruzione.

Il 27 novembre, il MAM annunciò un pacchetto di interventi di soccorso e ricostruzione per un valore di 7,8 milioni di euro (10,7 milioni di dollari) a favore delle vittime dell'alluvione. Amma inviò sul luogo della tragedia un gruppo di persone per valutare i danni ed esse tornarono parlando di un villaggio che era rimasto senza assistenza. Amma decise di prendersi cura di quel villaggio e cominciammo così a ricostruire un migliaio di case a Dongrampura, nel distretto di Raichur. Il luogo venne dotato di strade, parchi, elettricità, acqua corrente e di un centro per la comunità.

Il 16 gennaio, un gruppo di quattordici volontari arrivò a Raichur durante un'eclissi solare. Secondo la tradizione locale, durante un'eclissi non si dovrebbe mai guardare il sole né uscire di casa. Ciò nonostante, i volontari attraversarono l'area senza esitazioni, visitarono il luogo che era stato proposto per la ricostruzione e incontrarono le autorità locali. Il giorno dopo, espletate le pratiche amministrative, il gigantesco lavoro di costruzione iniziò.

Amma diede al gruppo queste istruzioni: "Terminate i lavori rapidamente... alla velocità della luce!" Il gruppo fece della parola 'rapidamente' il proprio mantra. I volontari lavorarono duramente giorno e notte, nonostante la temperatura raggiungesse i 45 gradi e l'elettricità e l'acqua corrente mancassero per metà della giornata. Sfidando queste circostanze ostili, i volontari costruirono le prime cento case in venti giorni. Offrendo in pochissimo tempo un riparo ai superstiti rimasti senza un tetto, i volontari avevano realizzato il sogno della loro guida.

Questo miracolo edilizio polverizzò ogni record. In tutto lo stato del Karnataka, l'impresa fu accolta con grande stupore e rispetto da politici, professionisti, commercianti, insegnanti e studenti. Per ispirare altre ONG, il governo organizzò una presentazione in Power Point di quello che era stato fatto. La gente arrivava a frotte per vedere con i propri occhi le case. Sui quotidiani apparvero articoli che elogiavano i nostri volontari. Ministri e alti funzionari lodarono pubblicamente questa impresa.

Il Primo Ministro del Karnataka raccontò come erano andate le cose: "Il 15 gennaio, il MAM ha concluso un accordo con il governo e in venti giorni l'organizzazione di Amma ha portato a termine la costruzione di cento abitazioni consegnandomi le chiavi. Sono molto riconoscente ad Amma. Un tale atto susciterà sicuramente negli altri benefattori il desiderio di terminare i loro progetti con lo stesso zelo e la stessa urgenza".

Il 4 agosto 2010, durante il programma di Amma a Bangalore, vennero consegnate le chiavi di altre 242 case al Primo Ministro del Karnataka, che espresse la propria riconoscenza. Non abbiamo smesso di battere nuovi record. Oggi abbiamo quasi terminato la costruzione dei mille alloggi richiesti, suddivisi in tre diversi complessi edilizi.

Una leadership esercitata con compassione è superiore alle altre? Direi di sì, perché un leader compassionevole assume spontaneamente la responsabilità di aiutare gli altri. Nessuno lo obbliga, questa è la sua natura e non può fare altrimenti. Un tale leader agisce per il bene della società, dei poveri e dei bisognosi, senza interessi personali e senza paura. La sua missione nella vita è chiara, priva di ambiguità e, soprattutto, egli non ha aspettative o interessi personali, ritiene semplicemente che il suo ruolo sia servire gli altri. Questa è la natura di Amma, che pensa più agli altri che a se stessa. Essendo priva di ego, ha una comprensione profonda della vita e del cuore degli uomini e può gestire senza sforzo ogni situazione.

Amma è il tipo di leader e di manager che si reca di persona sul campo e si rimbocca le maniche, pronta a svolgere qualsiasi lavoro. Questa piccola donna alta un metro e cinquanta, nata e cresciuta in un remoto villaggio dell'India del Sud, ha provocato una rivoluzione nel sistema convenzionale. Amma offre al mondo una dimensione nuova e più profonda dell'amore, insegna come esprimerlo, mostra a tutti il suo potere trasformativo e il suo ruolo vitale nella vita umana.

Nessuno le ha chiesto di servire la società, di aiutare i poveri e i bisognosi, di rimanere seduta per ore ad ascoltare gli altri, di intraprendere numerosi progetti umanitari. Amma lo fa naturalmente, perché per lei è come respirare, e ci insegna anche che, con qualche piccola correzione e qualche aggiustamento, possiamo fare tutti come lei.

"Guardati da chi cerca di sminuire le tue ambizioni. Le persone meschine lo fanno sempre, mentre i grandi esseri ti fanno sentire che anche tu puoi diventare grande".

Mark Twain

CAPITOLO 16

Convinzione incrollabile e decisione istantanea

"La compassione ci lega gli uni agli altri, non nella pietà o nella condiscendenza, ma come esseri umani che hanno imparato a trasformare la loro sofferenza comune in speranza per il futuro".

Nelson Mandela

Amma ha avviato estese attività umanitarie in India e in tutto il mondo. Tuttavia, il processo di ricostruzione a seguito dello tsunami che colpì il Sud-Est asiatico nel 2004 resta il più grande esempio della sua competenza e accortezza nell'azione. È stata Amma a dirigere in tutto e per tutto le operazioni di evacuazione, i soccorsi e la ricostruzione. Il modo in cui ha organizzato gli aiuti alle vittime ci mostra come rispondere coscienziosamente a una situazione di emergenza. È una grande lezione d'intervento nelle catastrofi e di gestione delle risorse, dei finanziamenti, del tempo e, soprattutto, di un gran numero di persone; mette inoltre in luce la capacità di Amma di prendere decisioni basate sull'intuizione.

Lo tsunami del 2004 fece migliaia di vittime nell'India meridionale, in Indonesia, nelle isole Andamane e Nicobare e nello Sri Lanka. Durante il lavoro di riedificazione, Amma manifestò la sua natura di leader energico e dinamico, aggiungendo un tocco di innata compassione e grande correttezza. Ci vollero quasi due anni per portare a termine la ricostruzione.

Durante quel periodo, Amma non si limitò a dirigere gli interventi del MAM legati allo tsunami, ma continuò a gestire i progetti umanitari ed educativi della sua ONG a ogni livello.

Lo tsunami arrivò all'improvviso: in un batter d'occhio, delle onde gigantesche spazzarono via ogni cosa. All'inizio, le acque dell'oceano si ritirarono per oltre un chilometro, una vista bellissima che rivelò la sabbia bianca e lucente del fondale, tutta la costa sembrava coperta di piccolissime perle bianche. Centinaia di residenti del nostro ashram e gli abitanti del vicino villaggio accorsero ad ammirare questa vista stupenda. Quando Amma fu informata di questo fenomeno insolito, intuì subito che non era un buon segno e ordinò a tutti di tornare immediatamente all'ashram. Diede poi istruzioni affinché le migliaia di persone che si trovavano ad Amritapuri in quel momento si spostassero ai piani superiori degli edifici. In pochi minuti, si levarono delle onde gigantesche che inghiottirono case e persone innocenti, tra cui tantissime donne e bambini. In alcuni istanti, tutto scomparve.

Amma interruppe immediatamente il darshan e diede il via alle operazioni di evacuazione. Uscì dal tempio e, camminando a fatica tra le acque avvolta in uno scialle giallo, impartì direttive a migliaia di persone, residenti dell'ashram e abitanti del villaggio, accorsi nella sede della nostra ONG sperando di trovarvi un rifugio sicuro. Era una scena di assoluto panico e confusione: madri con i loro figli, bambini che cercavano i genitori, anziani, ammalati, disabili... tutto sembrava troppo scioccante e difficile da gestire.

In un tale frangente, quando le persone sono in preda a un profondo disorientamento, l'unica cosa che può funzionare è un "assolo" effettuato con intelligenza da una persona con la testa sulle spalle.

Il proverbio "Troppi cuochi guastano la minestra" descrive perfettamente tali circostanze. Da una prospettiva manageriale, potremmo definire questa forma di leadership "autocratica" o "autoritaria": è uno stile di management che ha dei vantaggi e degli inconvenienti. Ad ogni modo, in una situazione così caotica, la soluzione più efficace è che ci sia un leader competente, il membro più esperto del gruppo che abbia accesso alle informazioni confidenziali e possa prendere in mano l'intera situazione. Facendosi continuamente largo tra le acque e valutando i danni e i rischi, Amma disse a tutti di dirigersi con attenzione verso il pontile, da dove alcune barche di proprietà dell'ashram e degli abitanti del villaggio avrebbero trasportato le persone dall'altro lato della laguna, sulla terraferma. Nel frattempo, aveva già dato direttive affinché le scuole gestite dal MAM e i campus delle facoltà di ayurveda, biotecnologia e ingegneria dell'Università Amrita venissero trasformati in campi di assistenza.

Affinché l'evacuazione avvenisse nelle migliori condizioni di sicurezza e per evitare rischi, Amma ci disse di avvolgere delle funi di fibra di cocco intorno a un robusto edificio che si trovava nelle vicinanze e di collegarle al molo. Raccomandò quindi a tutti di camminare tenendosi ben stretti a queste corde.

Prima di far salire una famiglia sulla barca, Amma controllava personalmente che fossero presenti tutti i suoi componenti: se non si fossero imbarcati assieme, avrebbero poi rischiato di non ritrovarsi e di non sapere se i propri cari erano salvi. Gli abitanti del villaggio, i pazienti dell'ospedale caritatevole dell'ONG, i visitatori e tutti gli animali, compresi gli elefanti, furono i primi a essere trasbordati dall'altra parte della laguna. Poi fu il turno dei residenti dell'ashram. Amma fu l'ultima ad andarsene: raggiunta la terraferma dopo mezzanotte, si sistemò nello stesso edificio in cui si trovavano gli sfollati.

A partire dal giorno della tragedia, i volontari che si trovavano ora nel campus universitario cucinarono tre pasti al giorno per i 10.000 rifugiati accolti nei nostri campi.

In ognuno di essi, l'ospedale del MAM, l'AIMS, allestì un presidio medico-sanitario sempre attivo, in cui operava un gruppo di medici, infermiere e paramedici che distribuivano i medicinali. L'AIMS procurò le attrezzature necessarie, incluse le ambulanze. A Nagapattinam, nel Tamil Nadu, una delle aree più colpite sulla costa orientale dell'India, le operazioni di soccorso si svolsero nello stesso modo.

Il governo predispose dodici centri di accoglienza nell'area circostante per fornire aiuti di emergenza agli sfollati e il MAM distribuì cibo, indumenti e coperte e assicurò un'assistenza medica continua in questi centri.

Nei giorni successivi allo tsunami, l'intero villaggio era in lacrime. Il pianto delle madri, dei mariti, delle mogli e dei figli delle vittime riempiva l'atmosfera. Venne celebrato un funerale collettivo. Quando i fuochi delle pire funerarie si spensero, si potevano vedere le persone sedute in mezzo ai detriti. Nei loro occhi si leggeva l'angoscia per un futuro che sembrava non offrire più nulla. Le onde gigantesche avevano spazzato via tutti i loro sogni e i loro desideri. Un villaggio intero si trovava a mani vuote dinanzi alla vita, impotente e distrutto dal dolore.

Amma è un leader capace di comprendere i dolori e le gioie degli altri. Il suo primo sforzo fu quindi quello di confortare i sopravvissuti; dopo un disastro di tale portata, questo era forse il compito più difficile. Un leader naturale sa che, in questi momenti di profondo dolore, le parole sono impotenti e superflue. Nei giorni immediatamente successivi alla tragedia, oltre a provvedere ai bisogni di base degli abitanti del villaggio, Amma partecipò con tutta se stessa alla loro sofferenza: pianse con loro, li prese tra le braccia, li confortò e asciugò le loro lacrime. Passava tutte le sue giornate a incontrare persone distrutte dal dolore e di notte dava istruzioni ai volontari e ai residenti che operavano nelle diverse aree. Il suo supporto e i suoi consigli aiutarono gli abitanti del villaggio a ritrovare una sensazione di sicurezza e la speranza per il futuro.

Amma ha la straordinaria facoltà d'ispirare le persone e guidò incessantemente i suoi volontari con le parole e con l'esempio. Aiutata da un foltissimo gruppo di persone che operarono con totale dedizione, la nostra ONG riuscì a completare gli alloggi provvisori per i sopravvissuti in nove giorni, mentre al governo occorsero diversi mesi per costruirli.

Una settimana dopo lo tsunami, Amma, che aveva alloggiato in una delle sale dell'università dall'altra parte della laguna, rientrò all'ashram. Non c'erano state vittime ma la sede dell'ONG era stata gravemente colpita dalle onde dello tsunami. Molte macchine della tipografia e quasi tutti i computer erano stati danneggiati. Tutte le scorte alimentari, la verdura e il riso erano state spazzate via dall'acqua o erano diventate immangiabili. Ovunque si vedevano piante e alberi rinsecchiti.

Ciò che stava veramente a cuore ad Amma era il benessere di chi aveva perso tutto: i suoi risparmi e i suoi cari. Tutta la sua attenzione era rivolta a come velocizzare gli interventi di soccorso e di ricostruzione.

Era già passata la mezzanotte quando una notte suonò il mio interfono: era Amma. Alzai il ricevitore e per qualche istante sentii solo silenzio, poi Amma cominciò a parlare: "Il mio cuore soffre nel vedere così tanta sofferenza. Dovremmo offrire qualcosa di più duraturo, di più concreto, qualcosa a cui le persone possano aggrapparsi per ricostruire la loro vita". Dopo una pausa, Amma continuò: "Hanno bisogno di nuove case, barche, reti da pesca, cure mediche e così via. Come possiamo aiutarli?"

Non sapevo cosa suggerire e così non dissi nulla. All'improvviso, Amma disse: "Metteremo da parte 21 milioni di dollari (circa18 milioni di euro) per le opere di soccorso e di ricostruzione".

Le sue parole mi spiazzarono, ogni mia risposta restò soffocata in gola. Quando mi ripresi dallo shock iniziale, chiesi: "Amma, dove troveremo tutto questo denaro?"

Con voce calma, rispose: "Questo non è così importante, ciò che conta davvero è la compassione. Ci sono molte persone di buon cuore nel mondo, il denaro arriverà... Il primo passo è la compassione, facciamo questo passo nel modo giusto". La sua convinzione era incrollabile e, di conseguenza, la sua decisione fu istantanea. Quando diciamo "sì" a una visione nobile, basata su valori superiori, non c'è spazio per l'ambiguità o per il dubbio. Le decisioni vengono prese e attuate rapidamente, perché si è più focalizzati sull'azione che sul risultato. L'azione è nel presente, il risultato nel futuro. Quando tutta la nostra energia è concentrata sul presente, il futuro si schiuderà naturalmente.

Etienne de Grellet, missionario quacchero, ha detto: "Immaginate di attraversare un luogo sconosciuto. Mentre camminate, ricordatevi: 'Passerò di qui solo una volta. Dunque, ogni buona azione o atto di gentilezza verso i miei fratelli o verso altre creature, lo devo fare ora. Non posso rimandare a domani o lasciar perdere perché non tornerò più qui'".

C'è un bellissimo episodio del Mahabharata che illustra perfettamente questo concetto: fare prova di bontà non appena se ne presenti l'occasione.

Un giorno, Karna, che era conosciuto per la sua carità e generosità, stava recitando le preghiere e facendo le sue abluzioni quotidiane in riva a un fiume. Accanto a lui c'era una coppa d'oro incastonata di pietre preziose. Proprio in quel momento, Sri Krishna andò da Karna e, volendo mettere alla prova la sua generosità, gli chiese di offrirgli quella coppa.

Senza la minima esitazione, Karna la prese e gliela porse con la mano sinistra poiché la destra non era pulita. Krishna gli ricordò che era sconveniente fare offerte o regali con la mano sinistra (in

India, porgere un regalo o qualsiasi altra cosa con la mano sinistra è considerato infausto).

Con un umile sorriso, Karna rispose che conosceva benissimo le usanze e diede a Krishna questa spiegazione: "Quando desideri fare una buona azione, devi agire immediatamente, senza riflettere, poiché non sai cosa potrà accadere un attimo dopo. La morte potrebbe coglierti, l'avidità potrebbe consumarti o le tue buone intenzioni potrebbero svanire".

Quando sentiamo l'impulso di aiutare qualcuno o di manifestare la nostra compassione, facciamolo immediatamente. Se rimandiamo a più tardi, persino all'attimo dopo, la mente interverrà e comincerà ad analizzare razionalmente la situazione.

Il pacchetto che prevedeva opere di soccorso e di ricostruzione per le vittime dello tsunami fu annunciato a metà febbraio del 2005. Poco dopo, Amma andò nel Tamil Nadu, a Nagapattinam, una delle aree più colpite, dove visitò gli alloggi provvisori, incontrò i sopravvissuti e ascoltò personalmente le loro storie dolorose. Al termine di questi incontri rientrò nel nostro centro del Kerala, viaggiando tutta la notte. Dopo meno di ventiquattr'ore, accettando l'invito del governo dello Sri Lanka, Amma partì per quel paese e vi rimase dal 16 al 19 febbraio del 2005.

Oltre 30.000 abitanti dello Sri Lanka erano stati uccisi dallo tsunami e gli sfollati erano centinaia di migliaia. Amma si impegnò a stanziare 500.000 euro a favore delle vittime locali dello tsunami. Viaggiando attraverso le zone costiere devastate dalla catastrofe, visitò i campi per rifugiati nei distretti di Ampara e Hambantota.

Con grande stupore dei presenti, sia i soldati del LTTE (Tigri Tamil) che quelli del governo cingalese, loro avversari, si presentarono al suo darshan ad Ampara. La compianta Maheswari, segretaria politica del ministro, esultò nel vedere le due fazioni in guerra così riunite. "Non avrei mai neanche lontanamente immaginato di poter vedere questi due gruppi nemici alla presenza di Amma. Amma è veramente una forza unificante, un catalizzatore unico", affermò.

Il brano che segue è tratto dal discorso di Amma alla Conferenza UNAOC (United Nations Alliance of Civilizations), che si è tenuta a Shanghai nel dicembre del 2012 e aveva come tema: Come possono i paesi dell'Asia e del Pacifico del Sud contribuire al dialogo mondiale sulla coesistenza e sullo scambio tra le culture e le civiltà?

"È importante comprendere che la responsabilità di rafforzare e unificare la nostra società non spetta solo ai governi, ma è un dovere di ogni singolo essere umano. Se le ONG, le piccole e grandi imprese, i mezzi di comunicazione e i leader sociali, culturali e mondiali unissero i loro sforzi per costruire una società nuova basata sui valori, avverrebbe sicuramente un cambiamento positivo.

La maggioranza dei Paesi sta facendo del suo meglio. Talvolta, però, le sovvenzioni o i prestiti governativi non raggiungono le fasce più deboli della società perché molto di questo denaro viene utilizzato per pagare gli stipendi del personale. Immaginate di travasare dell'olio da un bicchiere a un altro. Se ripetiamo questa operazione un centinaio di volte, l'ultimo bicchiere conterrà soltanto poche gocce di olio. Allo stesso modo, il denaro stanziato dai governi per aiutare i poveri sotto forma di sovvenzioni o prestiti non raggiunge sempre chi ne ha bisogno. Il governo deve spendere molto denaro per le retribuzioni e per l'organizzazione dei meeting e questo può ritardare l'attuazione di un progetto. Quando invece delle persone si riuniscono per aiutare in modo disinteressato, sarà possibile realizzare molto di più con meno denaro e in meno tempo".

Sotto la direzione magistrale di Amma, la nostra ONG è riuscita a eseguire e a completare tutti i progetti umanitari previsti a favore delle vittime dello tsunami come, per esempio, offrire cibo, vestiario, alloggi, cure mediche, formazione professionale e opportunità di lavoro a 2.500 abitanti delle zone colpite, o fornire reti da pesca e barche ai pescatori. È stato istituito un servizio di counseling e si sono organizzati incontri per oltre 10.000 bambini, volti ad accrescere la loro consapevolezza e ad aiutarli a superare il trauma subito e la fobia dell'acqua. Alle donne che avevano perso il marito in mare o il cui marito non voleva più tornare a fare il pescatore, sono state offerte diverse opportunità di formazione professionale. La nostra ONG ha persino donato loro centinaia di macchine da cucire e proposto dei corsi di cucito.

Voglio sottolineare che fu Amma stessa a portare i bambini nella piscina della nostra ONG per aiutarli a vincere la paura dell'acqua. Durante lo tsunami, molti bambini del villaggio vicino ad Amritapuri morirono. Alcune donne che avevano perso i propri figli nella tragedia si erano sottoposte in precedenza alla legatura delle tube e non potevano più concepire. Amma chiese ai medici dell'AIMS di eseguire per queste famiglie degli interventi di ricanalizzazione delle tube o di fecondazione in-vitro. Questo atto di compassione alleviò il trauma provocato dalla sciagura e permise a molte donne di concepire di nuovo e avere dei figli.

Nel corso della cerimonia d'inaugurazione tenutasi dopo lo tsunami ad Amritapuri, l'allora Primo Ministro del Kerala, Oommen Chandy, elogiò in questi termini il lavoro svolto dall'organizzazione: "Le mani di Amma, piene di bontà, hanno ispirato le attività di soccorso e di ricostruzione post tsunami in tutto lo stato. Con il suo grande cuore, che simboleggia la bontà della società, Amma ha portato a termine rapidamente la costruzione delle case per i sopravvissuti. Non so come ringraziarla per il suo aiuto incondizionato e per gli innumerevoli servizi che ha reso. Il governo non è stato in grado di mantenere la promessa di dare un alloggio a tutte le vittime prima dei monsoni. L'opera di soccorso intrapresa da Amma è un esempio per tutti gli altri".

Ad aiutare davvero le persone sono stati soprattutto il tocco personale, l'ascolto compassionevole, il coraggio e la speranza che Amma ha infuso in loro, spingendoli ad avventurarsi nuovamente nella vita.

Amma dice che "è quando aiutiamo gli altri che siamo, in realtà, veramente felici. Se invece ci concentriamo unicamente sui nostri problemi e desideri personali, ci sentiamo soli. Quando i nostri disegni concordano con quelli dell'universo, quando capiamo il nostro ruolo nel mondo e agiamo di conseguenza, nulla può fermarci". Entriamo nel "Flusso".

Allora, persino quello che appariva come un ostacolo si rivela essere un trampolino verso il successo, è così che saliamo la scala dell'amore e della compassione. Se crediamo in Dio, in una Potere supremo che governa ogni cosa, cerchiamo di vedere le esperienze, le situazioni e le sofferenze altrui dal punto di vista di Dio. Se siete atei e credete nelle buone azioni, aiutate le persone senza aspettarvi nulla in cambio. Entrambi i cammini conducono a Dio, anche se non abbiamo fede in una Potere superiore.

Amma dice: "La domanda 'Dio esiste o non esiste?' può essere oggetto di un acceso dibattito, ma nessun ateo può negare che oggi nel mondo ci siano persone che soffrono. La vera devozione per Dio è servire chi soffre. Dio non ha bisogno di nulla perché è Lui a donare tutto.

Se nella nostra ignoranza crediamo di offrire qualcosa a Dio, è come se mostrassimo una candela al sole dicendo: "Sono sicuro che questa luce ti aiuterà a vedere il cammino!" Se Dio si aspetta davvero qualcosa da noi, questo qualcosa è un cuore capace di comprendere le sofferenze dei poveri e degli infelici. Aiutateli, serviteli e siate compassionevoli verso di loro".

CAPITOLO 17

La guida interiore

Amma dice: "Quando camminiamo, se la mente ordina improvvisamente ai piedi di fermarsi, i piedi obbediscono. Quando battiamo le mani, se la mente ordina alle mani di fermarsi, esse si fermano. Ma se intimiamo ai nostri pensieri di fermarsi, ci ascolteranno? No. Lo scopo della meditazione è riuscire ad avere sulla mente lo stesso controllo che abbiamo sul corpo".

Giungere a una decisione è un processo complesso, bisogna prendere in considerazione molti fattori contraddittori, valutare diverse opzioni in poco tempo, tenere conto dei frequenti cambiamenti nelle tendenze di mercato e nella tecnologia, gestire e persuadere i membri dello staff, i soci e i collaboratori più esperti, valutare l'impatto sui partner marginali o secondari, etc. Inoltre, possono verificarsi numerosi intoppi inaspettati. Questo processo decisionale, basato sul metodo convenzionale noto come conoscenza analitica, è un esercizio spesso mentalmente faticoso, fisicamente estenuante, che prosciuga tutta la nostra energia. Oggi, il processo decisionale intuitivo e analitico, noto anche come prospettiva della razionalità limitata, sta guadagnando terreno.

Se cominciate a esaminare la vostra visione del mondo, scoprirete probabilmente che anche voi prendete spesso delle decisioni che si scontrano con la logica della scelta economica. Sta avvenendo un lento ma costante cambiamento a favore del protocollo decisionale in cui prevale "l'irrazionale". Il tentativo di integrare nell'economia le conoscenze psicologiche si chiama economia comportamentale e sembra essere un'alleanza armoniosa

tra il pensiero logico e i fattori psicologici o intuitivi. È grazie a un atteggiamento contemplativo che spesso chi deve decidere passa dallo sforzo a un'assenza di sforzo. Il "fare" è un'attività, il "non fare" è l'opposto, occorre prendere le distanze e dimenticare l'intero processo. È necessario fare una pausa e lasciare che la parte spontanea della mente prenda le redini, solo allora le cose cominceranno ad accadere.

Per secoli i dirigenti d'azienda si sono affidati unicamente alla cognizione, o analisi logica, considerandola la sola tecnica capace di risolvere i problemi. La "decisione intuitiva", ovvero l'uso dell'intuizione come importante strumento per risolvere problemi complessi, non è un concetto nuovo, anche se è nuova la sua applicazione in ambito aziendale. Ci sono molte culture, soprattutto in Asia, in cui l'intuizione svolge un ruolo importante nella ricerca delle risposte e delle soluzioni. Per essere più precisi, in passato molti professionisti si affidavano più all'intuizione che all'intelletto.

Immaginiamo di stare cercando di ricordare una vecchia canzone che amiamo molto, senza riuscirci. L'abbiamo magari sulla punta della lingua ma, per quanto ci grattiamo la testa, chiudiamo gli occhi o camminiamo su e giù per la stanza, nessuna delle nostre tecniche abituali funziona. Alla fine, vedendo che tutti i nostri sforzi sono vani, ci arrendiamo e smettiamo di pensarci. Dopo aver fatto una breve siesta, prima di alzarci dal letto, restiamo sdraiati per qualche secondo a guardare il soffitto e, in quello stato di rilassamento, all'improvviso, inaspettatamente, ci viene in mente la canzone. In questo caso, lo sforzo iniziale di ricordare aveva scatenato una lotta tra la mente conscia e quella subconscia. Conoscevamo la canzone, ma essa era nascosta nel nostro subconscio. Si trattava di ritrovarla. Per fare questo, abbiamo avuto bisogno di stabilire un legame tra la mente conscia e quella subconscia. Il problema è che la tensione creata dallo sforzo, invece di favorire questa connessione, aumenta la distanza e, di conseguenza, la soluzione desiderata, il ricordare la canzone, si allontana sempre di più da noi. La rivelazione avviene solo quando la mente è calma, ed è proprio quanto accade quando siamo sdraiati, immobili, sul letto. L'angoscia e la tensione spariscono e la canzone appare spontaneamente.

Tutti gli sforzi compiuti erano in effetti necessari per condurci a uno stato "senza sforzo". In altre parole, per giungere a un rilassamento totale occorre lavorare sodo. Solo una mente calma è in grado di dare risposte giuste. Gli esseri umani hanno un'inclinazione naturale al silenzio, è un loro profondo desiderio. È dunque molto probabile che una decisione basata sull'intuizione sia efficace, a patto che orientino le loro energie verso la tranquillità e la quiete.

Si dice che Archimede, antico studioso greco, abbia esclamato: "Eureka!", dopo aver notato che il livello dell'acqua si era alzato appena era entrato nella vasca da bagno. Lo scienziato capì improvvisamente che il volume d'acqua spostato doveva essere uguale al volume delle parti del suo corpo immerse. Archimede stava studiando come misurare il volume degli oggetti di forma irregolare, un problema fino ad allora insolubile. La sua improvvisa intuizione che il volume d'acqua spostato equivalesse al volume dell'oggetto sommerso era la soluzione del problema. Si dice che Archimede fosse così impaziente di condividere questa scoperta che balzò fuori dalla vasca da bagno e corse per le vie di Atene, completamente nudo, ripetendo: "Eureka!"

Qual è l'origine di questa scoperta? Mentre faceva il bagno, Archimede era indubbiamente in uno stato di totale rilassamento. Molti di noi hanno sperimentato la piacevole sensazione di rilassamento di quando si è immersi in una vasca da bagno. In questo stato di completa tranquillità e pace, apparve la risposta che il grande scienziato cercava.

Oggi gli esperti e i consulenti di management ritengono che il subconscio sia la fonte del processo decisionale intuitivo. Questo potrebbe essere vero da un punto di vista psicologico ma, da un punto di vista spirituale, non è chiaro da dove provengano le soluzioni intuitive. Quando la mente subconscia è piena di pensieri ed emozioni, non è una fonte affidabile di risposte corrette. Possiamo solo dire che queste risposte provengono da un luogo che si trova al di là, da qualche altra parte, perché il subconscio è affollato di pensieri sottili e potenti.

Amma descrive così questo concetto: "Se chiediamo a un violinista, a un cantante o a un flautista da dove venga la loro musica, probabilmente risponderanno: "Dal cuore". Ma se un chirurgo aprisse il loro cuore, troverebbe la musica? Se invece dicessero che la musica fluisce dalla punta delle loro dita o dalla gola, troveremmo lì la musica? Da dove scaturisce dunque? La musica proviene da un luogo che si trova al di là del corpo e della mente, dimora nella pura coscienza, in quella forza infinita e potente che è dentro di noi. Che noi siamo un capofamiglia, un amministratore delegato o un leader politico, dobbiamo innanzitutto conoscere noi stessi. In questo risiede la vera forza. Dobbiamo riconoscere e accettare i nostri difetti, errori e limiti e cercare poi di superarli. Queste sono le qualità di un vero leader".

Amma usa un linguaggio molto semplice e ricorre ad esempi comuni, talvolta parla di cose che ci possono sembrare senza importanza. Tuttavia, se riflettiamo su queste parole semplici e apparentemente insignificanti, scopriremo un mondo immenso.

Amma parla spesso di ricerca con ricercatori e scienziati senza utilizzare necessariamente termini scientifici e tecnologici e riesce anche a sintetizzare in un linguaggio semplice le questioni scientifiche più oscure. Amma propone persino agli scienziati alcuni argomenti di studio. È incredibile sentirla dialogare con i premi Nobel delle loro ricerche, con i medici delle diverse tradizioni terapeutiche, con gli ingegneri dei vari aspetti dell'edilizia, con gli avvocati dei diversi risvolti di un processo e con i manager delle nuove tendenze del management.

Non molto tempo fa, Amma ha incontrato un gruppo di scienziati venuti da ogni parte del mondo per partecipare al seminario *Amrita Bioquest 2013* che si svolgeva all'Università Amrita. Qualcuno fece una domanda sull'uso delle piante nella cura delle malattie e Amma rispose: "Io non so nulla, mi limito a suggerire qualche idea ai ricercatori". Gli scienziati sorrisero, sapevano infatti che i ricercatori di Amrita Biotechnology avevano appena pubblicato un importante articolo scientifico basato su un'idea proposta da Amma.

Lasciate che vi racconti tutta la storia, così come mi è stata raccontata dal dr. Ashok Banerjee, che ha collaborato come ricercatore senior presso il Centro Atomico Bhabha di Mumbai, e il dr. Bipin Nair, decano e professore presso la Facoltà di Biotecnologia dell'Università Amrita.

Un giorno, il vicerettore dell'Università Amrita, dr. Venkat Rangan, il dr. Nair e il dr. Banerjee si recarono da Amma per discutere di alcuni argomenti di ricerca. Nel corso della conversazione, Amma s'informò su come procedesse il lavoro di ricerca nella Scuola di Biotecnologia. Quando le spiegarono che gli sforzi erano concentrati sui meccanismi che ritardano la guarigione delle piaghe nei pazienti diabetici, Amma parlò a lungo del trattamento tradizionale per guarire le piaghe, che consiste nell'applicare dell'olio ottenuto riscaldando i gusci di anacardio. Sebbene il dr. Banerjee fosse un devoto sostenitore di Amma, questa sua improvvisa insistenza sulle proprietà medicinali e terapeutiche dell'olio di gusci di anacardio, normalmente considerati "scarti o rifiuti", e il suggerimento di farne oggetto di ricerca, gli sembrarono privi di fondamento. Non espresse questa sua opinione di fronte ad Amma ma mi confessò che considerava tale idea un po' ingenua.

Tuttavia il gruppo di ricercatori sapeva per esperienza che le parole e i pensieri di Amma nascondono sempre gemme preziose.

Gli scienziati si procurarono così dei gusci di anacardio dagli scarti di una fabbrica di Kollam, estrassero e purificarono un composto chiamato acido anacardico e dimostrarono, per la prima volta nel mondo, l'effetto diretto di questa sostanza su una proteina implicata nella guarigione delle ferite.

È interessante notare che la ricerca dimostrò anche gli effetti benefici del composto su diverse forme di cancro. Questa scoperta entusiasmante ebbe come conseguenza una collaborazione ad alto livello con l'Università della California di Berkeley e con l'Istituto di Ricerca Scripps di San Diego, due centri di ricerca all'avanguardia negli Stati Uniti. In seguito, il Consiglio Nazionale per le Innovazioni dell'India, diretto da Sam Pitroda, riesaminò i dati degli studi e raccomandò caldamente questo progetto al Consiglio per la Ricerca Scientifica e Industriale dell'India, affinché gli fossero accordati dei fondi. Il suggerimento di Amma, così semplice e così profondo, sui gusci di anacardio, fino ad allora considerati da tutti senza importanza, ci permise in brevissimo tempo di fare un grande passo in avanti nella ricerca. Per arrivare a questa scoperta, gli scienziati avrebbero dovuto forse impegnarsi duramente per anni, spendendo ingenti somme di denaro. Il dr. Banerjee concluse il suo racconto dicendo: "Ignoravo che Amma fosse anche una scienziata!"

Allo stesso modo, numerosi dipartimenti dell'Università Amrita stanno lavorando con successo su progetti di ricerca suggeriti da Amma: impiego di sensori senza filo per individuare le frane provocate da forti precipitazioni, uso della tecnologia aptica per lo sviluppo delle competenze, impiego delle nanoscienze nella lotta contro il cancro, sistemi di valutazione on-line nella formazione scientifica, sistemi di raccolta di informazioni negli ospedali e utilizzo dei dati raccolti per il bene comune, sicurezza informatica, laboratori virtuali, apprendimento interattivo a distanza, etc. Sotto la direzione di Amma, gli scienziati si stanno dedicando anche a un altro importante progetto: realizzare e produrre una pompa per l'infusione di insulina a un prezzo abbordabile.

Esito a definire "intuitivo" il modo di Amma di pensare, prendere e attuare decisioni. Non desidero approfondire troppo questo aspetto in questo libro, ma devo dire che il suo approccio rivela una dimensione completamente diversa. La mente è un flusso o una corrente di pensieri frammentari. Per conoscere la verità che si trova dietro ogni cosa, è essenziale concentrare la mente. La divisione è la natura stessa della mente, che non riesce a rimanere intera. In tal modo, essa blocca il flusso naturale dei pensieri, a meno che non l'addestriamo a restare tranquilla e silenziosa. Da questo stato di quiete emerge il pensiero intuitivo e contemplativo.

Nel suo trattato, Chanakya afferma: "Prima di intraprendere un progetto, ponetevi sempre tre interrogativi: 1) Perché lo sto facendo? 2) Quali potrebbero essere i risultati? 3) Avrò successo? Solo se, riflettendo profondamente, trovate una risposta soddisfacente a queste domande, andate avanti".

"Riflettere profondamente" significa entrare in un silenzio meditativo per concentrarsi su domande piene di significato, perché solo quando le domande saranno corrette, si otterranno le risposte giuste. Come disse Solomon Ibn Gabirol, poeta e filosofo ebraico: "Le domande formulate da un uomo saggio contengono la metà delle risposte". Gli studi dimostrano che la percentuale di successo nelle decisioni manageriali è solo del cinquanta per cento, mentre il costo legato ai processi decisionali è in continuo aumento. Preoccupati per questa situazione allarmante, i ricercatori della facoltà di Economia dell'Università del Queensland hanno cominciato a esaminare i diversi fattori che influenzano lo stile decisionale dei manager e le possibilità di miglioramento di tali decisioni.

In un'organizzazione, prendere decisioni è un processo complicato, che è composto da varie fasi e interessa discipline, livelli e reparti diversi. La maggior parte degli uomini d'affari è sempre in tensione: rimugina e si preoccupa del risultato delle proprie decisioni. Dopo aver seguito scrupolosamente le regole del sistema, bisognerebbe, invece, rilassare la mente.

Ricordo le parole di Kiran Majumdar Shaw, presidente e direttore generale di Biocon Limited: "La personalità di Amma è una sintesi straordinaria di una compassione infinita e di un impressionante valore intellettuale".

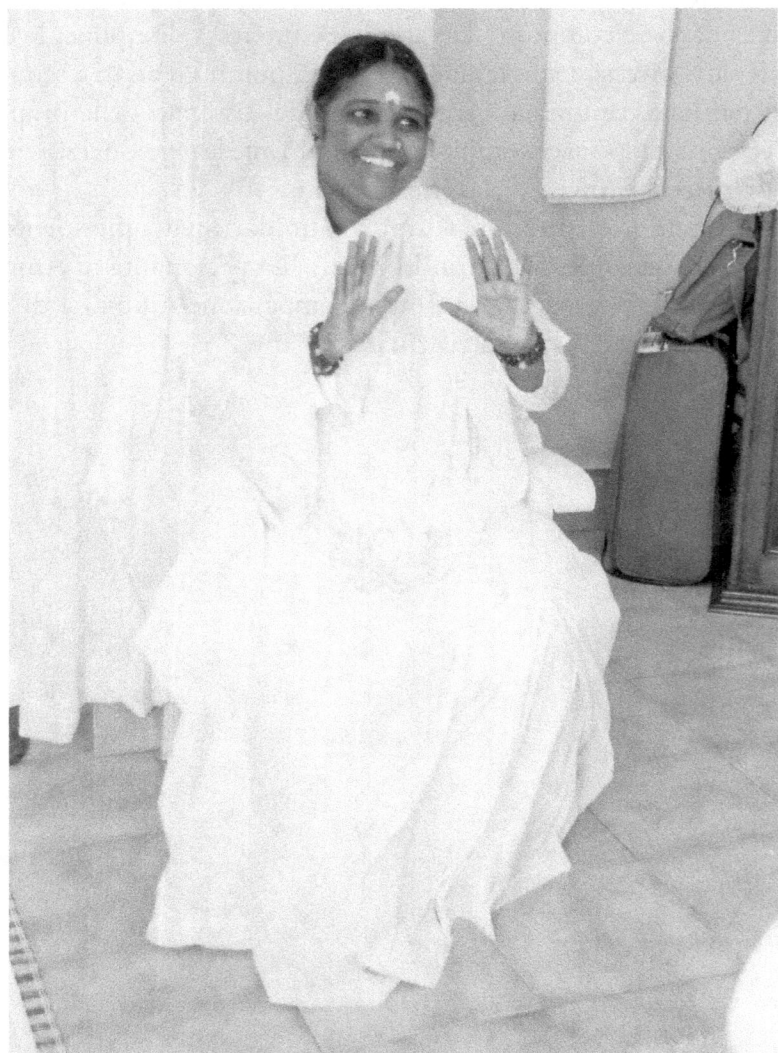

CAPITOLO 18

L'amore, la forma più pura di energia

A un giornalista che le chiedeva quale fosse il suo colore preferito, Amma rispose: "Il colore dell'arcobaleno, che rappresenta l'amore e l'unità. Sebbene i sette colori siano diversi, nell'arcobaleno li vediamo tutti insieme a formare un'unità. Anche se dura poco, l'arcobaleno dona gioia a tutti. L'amore è il principio su cui si basa l'unità, la sua essenza. È l'amore a esprimere la bellezza, la vitalità e l'incanto della vita. L'amore e la vita non sono quindi separati ma un tutt'uno".

Indipendentemente dalle loro dimensioni, la maggioranza della multinazionali non crede nell'efficacia dell'amore e della compassione come strumenti per raggiungere il successo negli affari. In questo contesto, le qualità femminili hanno evidentemente una connotazione negativa. Si pensa erroneamente che l'amore e la compassione ci rendano vulnerabili di fronte ai concorrenti e ai clienti. Di conseguenza, mostrare amore e compassione negli affari può sembrare bizzarro ai professionisti di oggi. Tuttavia, parole come "impegno" e "passione", utilizzate spesso dagli esperti nei loro discorsi, nei loro libri e nelle loro conversazioni, si basano in realtà sull'energia. Il potere nascosto dietro queste parole è l'amore. Senza di esso, riuscire in un'impresa o raggiungere il successo sarebbe impossibile.

Alcuni consulenti aziendali considerano l'amore un concetto fuori moda o una teoria superata e coniano espressioni per far credere che quello che stanno insegnando è qualcosa di diverso, che siamo di fronte a un concetto nuovo che "fa tendenza". Prendiamo ad esempio la cosiddetta filosofia New Age o l'espressione ormai molto nota del "qui e ora". Entrambe non sono affatto una novità, è "vino vecchio in un otre nuovo".

I *veggenti* del passato avevano enunciato lo stesso concetto nelle Upanishad. Una delle affermazioni contenute nelle Scritture indiane è *"Eha Atra Iva"*, "Sii qui e ora". Dio è qui, la beatitudine è qui, la vita è qui, in questo momento. Questa è l'essenza di questa affermazione contenuta nelle Scritture. Così, negli antichi testi sacri troviamo allo stato di seme la maggior parte delle idee cosiddette nuove e innovative, sebbene esse non vengano espresse con termini scientifici o tecnici e siano solo accennate.

Carl Sagan, celebre scrittore e divulgatore scientifico americano, ha dichiarato: "Per delle piccole creature come noi, la vastità [dell'universo] è sopportabile solo grazie all'amore". Il successo è inseparabile dall'amore, ha bisogno di essere sorretto dall'amore. Potremmo dare l'impressione di salire la scala del successo senza il supporto dell'amore ma non riusciremo a mantenere lo slancio verso l'alto. È chiaro che sta a noi decidere se salendo vogliamo portare con noi, nel nostro cuore, la luce brillante dell'amore. Ricordiamoci però che, senza il sostegno incondizionato dell'amore, più in alto saliamo, più forte sarà l'impatto della nostra caduta.

Ecco come Amma spiega questo concetto: "Possiamo paragonare l'amore a una scala. Molti si fermano al primo gradino ma voi non rimanete lì, continuate a salire, un gradino per volta. Salite dal livello più basso a quello più alto, dalla sfera delle emozioni più grossolane al più elevato stato dell'Essere, la forma più pura di amore. L'amore puro è la forma più pura di energia. In quello stato, l'amore non è un'emozione, ma un flusso costante di pura consapevolezza e infinito potere. Possiamo paragonare un simile amore al respiro. Non direte mai: "Respirerò solo davanti alla mia famiglia e ai miei parenti, mai vicino ai miei nemici e alle persone che odio". Ovunque siate e qualunque cosa facciate, il respiro avviene spontaneamente. Allo stesso modo, donate amore a tutti senza fare differenze e senza aspettative. Siate sempre colui che dona e mai colui che prende".

Sembra che le nuove generazioni interpretino l'amore come un'emozione usa e getta o come un sentimento riciclabile. Questa nuova concezione dell'amore attrae i giovani e suscita in loro molto entusiasmo. Recentemente ho incontrato un giovane, figlio di un ricco uomo d'affari. Nel corso della nostra conversazione, mi disse: "Mio padre ha tutte queste idee strane su come condurre gli affari: mostrare apprezzamento per i dipendenti, essere onesti e generosi verso i meno fortunati, crede in tutto questo e in ogni sorta di vecchi ideali primitivi, ridicoli e irrealizzabili".

Dal mio punto di vista, l'aspetto interessante di questa storia è che il padre era partito da zero per creare la sua azienda e aveva impiegato anni per farla crescere e prosperare. Essa era frutto del suo sudore e del suo sangue. Restai sbalordito nell'udire i commenti duri e avventati del giovane sulle virtù del padre.

Per un attimo rimasi senza parole, ma poi non riuscii a trattenermi e gli dissi: "Non mi stupisco che tu abbia questi sentimenti. Non hai conosciuto il dolore, le lotte, la sofferenza e i sacrifici che lui ha vissuto e questo fa un'enorme differenza nel vostro modo di vedere le cose. Tuo padre capisce, mentre tu non hai l'esperienza che potrebbe permetterti di avere una consapevolezza vasta e ricca come la sua. Imparerai con l'esperienza, o almeno te lo auguro".

Una popolare pubblicità di gioielli ha come slogan: "Ciò che è antico vale oro". Il vero oro è l'amore, che è antico, nuovo e sempre fresco. Come dice il detto: "L'amore è il viaggiatore più antico della terra". Potrei affermare che l'energia pura dell'amore è originale, inestimabile e insostituibile perché l'amore è la sola verità.

Potrebbe sembrare che i racconti di molestie sessuali sul posto di lavoro o in altri luoghi sminuiscano la forza innata dell'amore, ma l'amore puro è e resterà sempre una verità eterna, immutabile e inalterabile.

Amma dice che "non possiamo chiedere una nuova verità. Due più due ha sempre fatto quattro. Possiamo forse cambiare il risultato e fare in modo che faccia cinque? No, non è possibile. Allo stesso modo, la verità è stata stabilita una volta per tutte: è pura e immutabile, è amore autentico, è la nostra vera natura, l'energia nella sua forma più pura".

Il nostro potere di essere eloquenti, creativi, produttivi e comunicativi dipende dalla nostra capacità di identificarci con l'amore che abbiamo in noi, che determina anche la nostra felicità e la nostra pace interiore.

Nella sua autobiografia, Charles Darwin scrive: "Nel corso degli ultimi venti o trent'anni, la mia mente è cambiata. Ad esempio, sino all'età di trent'anni, o poco più, mi piaceva molto leggere le poesie e le opere di Milton, Gray, Byron, Wordsworth, Coleridge e Shelley. Ero ancora uno scolaro, ma già amavo intensamente Shakespeare, soprattutto le sue commedie basate sulla storia. Un tempo, anche la pittura e la musica mi davano molta gioia, ma da parecchi anni non riesco a leggere nemmeno una riga di poesia. Recentemente ho provato a rileggere Shakespeare, ma l'ho trovato così noioso da averne la nausea. Anche l'arte e la musica hanno perso ogni attrattiva. La mia mente sembra essere diventata una sorta di macchina che sforna leggi generali a partire da un'enorme raccolta di dati di fatto. Non riesco a capire come questo abbia potuto atrofizzare la parte del cervello da cui dipendono i piaceri superiori. Perdendo questa capacità, ho perso la felicità. Se potessi rivivere la mia vita, mi imporrei la regola di leggere poesie e ascoltare musica almeno una volta la settimana. Non potendo più apprezzare la poesia e la musica, si perde la felicità; questa perdita è dannosa anche per l'intelletto e, più probabilmente ancora, per la moralità, perché si ha un indebolimento della parte emotiva della nostra natura".

Sebbene non vi sia alcun cenno sull'amore, si presume che Darwin fosse diventato una persona insensibile all'amore o un uomo con poco amore nel cuore. Chi è incapace di apprezzare la musica e la poesia, diventerà impenetrabile all'amore.

Impegnati a fare affari, guadagnare denaro, conquistare un nome, la notorietà e il potere, stiamo forse scordando che l'amore è la forza più grande e il dono più bello di Dio? Sarebbe un disastro se le imprese e la politica dimenticassero il linguaggio dell'amore. Le imprese sono l'unità di produzione dell'umanità, mentre la politica ha il compito di proteggerci. Quale sarebbe la nostra condizione se queste due facce dell'umanità dimenticassero l'ingrediente più vitale dell'esistenza?

Quando dico che i principi dell'amore e della compassione dovrebbero far parte integrante dei pensieri e delle azioni dei nostri dirigenti politici ed economici, non mi riferisco a un amore di tipo emotivo. Quando l'amore è incentrato sulle emozioni, può avere una natura distruttiva perché può causare un attaccamento non intelligente. Venendo meno la capacità di discernere, un tale amore può fare più male che bene all'individuo e alla società.

Sto parlando piuttosto di una visione amorevole e compassionevole basata su principi spirituali autentici, di uno sforzo sincero per vedere le cose da una prospettiva più ampia, con una certa dose di equità, rispetto, riconoscimento e premura verso tutti i membri del gruppo, indipendentemente dalla loro posizione e dal loro status.

Amma insiste sempre affinché i componenti della sua équipe discutano delle diverse alternative e lavorino insieme sui risultati, raggiungendo un accordo su tutte le decisioni. Desidera inoltre che la ricerca sia interdisciplinare, non solo perché ogni disciplina può offrire una soluzione al problema che si sta studiando, ma anche per incoraggiare tutti gli scienziati che operano nell'università a lavorare insieme, a rispettarsi reciprocamente e a imparare gli uni dagli altri.

I ricercatori correrebbero, altrimenti, il rischio di isolarsi e di prendere delle decisioni fondate soltanto sulle loro risorse limitate. Quando si è invece costretti a collaborare con altri per uno scopo comune, entrano in gioco l'umiltà, l'ascolto rispettoso, la consapevolezza e l'impegno. Poiché le decisioni vengono prese sulla base del consenso, anche se si pensa di aver trovato la soluzione, si deve restare aperti alle alternative e ai punti di vista degli altri.

In un'azienda, una decisione importante come quella di investire una grande somma di denaro in una nuova impresa commerciale o di delocalizzare la produzione in un'altra città o paese, può richiedere molti mesi di brainstorming, pianificazione e negoziazione con esperti che valutino i pro e i contro. Forse si organizzeranno riunioni interminabili in cui esaminare il problema.

Lo stile gestionale di Amma è diverso da questo modo di operare piuttosto complesso: con lei i cambiamenti avvengono improvvisamente e sono attuati immediatamente. A volte Amma chiede a una persona di lasciare il proprio incarico a qualcun altro e questo può accadere ovunque e in qualsiasi momento: prende i suoi provvedimenti in macchina, seduta in un parco in mezzo a centinaia di persone, sul ciglio di una strada, in un villaggio sperduto, in un aeroporto, su un aereo, oppure mentre abbraccia le migliaia di persone venute a uno dei suoi programmi, accordando piena attenzione a ognuna di loro.

Per esempio, la decisione di apportare cambiamenti in uno dei progetti umanitari o in una delle istituzioni può prendere la forma di un ordine o di un'umile richiesta, e può avvenire nel corso di un'affettuosa conversazione con l'interessato, mentre Amma scherza con lui. In ogni caso, le persone accettano di buon grado tali decisioni. Chi ha sbagliato non teme di essere punito, non c'è disappunto perché si è stati esautorati, sollevati dall'incarico o sconfitti. L'intero processo ha una grande bellezza, come un bocciolo che si schiude.

Nel sottolineare il poco impegno o la scarsa dedizione della o delle persone coinvolte, Amma può sembrare infastidita, contrariata e addolorata. Questi diversi "umori" sono mescolati a momenti in cui esprime affetto e amore sincero, e dà consigli alla persona sulla necessità di essere sempre vigilanti.

Durante la conversazione, Amma racconterà una storiella e incoraggerà anche le persone intorno a lei a raccontare qualcosa, suscitando momenti di ilarità e di gioia. In breve, l'intero processo di "assunzione e licenziamento" diventa un'occasione per festeggiare. È così che Amma trasforma un'esperienza apparentemente difficile e spiacevole in un momento memorabile, sia per chi lascia il posto sia per chi sta per occuparlo. Questo processo diventa una forma di meditazione, un evento che arricchisce la loro vita.

Prima di aspettarsi che le persone cambino, dobbiamo innanzitutto toccare il loro cuore e stabilire un contatto con loro. Per invogliarle ad agire, è necessario avvicinarsi a loro attraverso le emozioni. Amma ha compreso questa verità e, nella sua posizione di leader, influenza i cuori delle persone attraverso l'amore e la compassione.

Una devota francese aveva l'abitudine di acquistare oggetti molto costosi. Adorava le pellicce, i profumi di marca, gli occhiali da sole firmati, gli orologi di lusso, etc. Se per qualche motivo non poteva procurarseli, diventava molto irrequieta fino a perdere il sonno. Un giorno questa donna venne a far visita ad Amma in India e trascorse un mese nel nostro centro prima di tornare a Parigi. Il mese dopo scrisse una lettera ad Amma.

Nella lettera confessava la sua abitudine di scegliere sempre oggetti di lusso. Disse che, dopo il suo viaggio in India aveva desiderato intensamente acquistare un orologio di una certa marca ma, poiché era molto costoso, aveva dovuto fare degli straordinari ed essere molto efficiente al lavoro. Raccolta la somma necessaria, era andata in un negozio che offriva un'ampia scelta di orologi. Mentre guardava il cartellino che mostrava il prezzo esorbitante dell'orologio che desiderava, si era ricordata improvvisamente degli orfani, dei disabili e dei senzatetto che aveva visto durante il suo viaggio in India e del modo compassionevole in cui Amma li aiutava.

Aveva pensato quindi che l'orologio l'avrebbe resa felice per un po', ma che con lo stesso denaro avrebbe potuto aiutare tante persone bisognose che non avevano cibo, vestiti, medicine e un'istruzione adeguata. "In effetti, ho solo bisogno di sapere che ore sono", si era detta, "e per questo mi può bastare un orologio da sette euro. Non sarebbe meglio utilizzare questo denaro per portare un po' di luce nella vita di quelli che soffrono?" Aveva quindi abbandonato l'idea di comprare l'orologio costoso e aveva deciso di usare quei soldi per aiutare i poveri e i bisognosi.

Concluse la lettera dicendo: "Grazie Amma, per avermi aiutata a ritrovare l'amore che è in me. Prima ero costantemente in tensione, pensavo continuamente agli oggetti che desideravo comprare. Oggi sento un profondo senso di gioia e di appagamento che non ho mai provato".

Ogni volta che le viene chiesto come faccia la nostra ONG a realizzare tutte queste opere umanitarie, Amma risponde: "La mia ricchezza sono i membri del mio gruppo, persone virtuose e di buon cuore. Sono loro a fare ogni cosa". Sebbene Amma sia la sola ispiratrice, la sola guida, non si attribuisce alcun merito, non rivendica nulla e non ha attaccamenti e questo aiuta le persone a mettersi di buon grado al servizio delle nobili cause che lei sostiene.

Per me Amma appartiene a una categoria molto rara di CEO, i Chief Enlightened Overseers, i dirigenti illuminati e privi di attaccamenti e non i Chief Executive Officer, che esercitano l'autorità.

Vi faccio un esempio. Dal 1987 Amma viaggia in ogni parte del mondo. Ogni anno si reca negli Stati Uniti e in Europa e ogni due anni in Australia, nell'Asia meridionale, talvolta in America del Sud e in Africa. Durante uno dei suoi viaggi negli Stati Uniti, mentre si trovava a New York, trascorse i primi due giorni a Manhattan, nell'attico molto lussuoso e immenso di un devoto.

Durante una conferenza stampa che si tenne in questo appartamento, uno dei giornalisti domandò ad Amma: "Voi state in questo appartamento così lussuoso mentre fuori ci sono molti senzatetto". Amma rispose: "Per me il mondo intero è come una casa in affitto, è come stare in una camera d'albergo: ci rimani uno o due giorni e poi la lasci. Non sono attaccata a nulla. Oggi sono qui, domani alloggerò in una stanza buia del Manhattan Center. In Europa alloggio nei luoghi in cui si svolgono i programmi, nella maggioranza dei casi si tratta di palazzetti sportivi o di sale di teatro. Durante i due o tre giorni del programma alloggio in uno degli spogliatoi, senza finestre né aerazione, e a volte senza neanche un vero bagno. Apprezzo entrambe le situazioni".

Quando si possiede la capacità di sovrintendere, si resta al di sopra di ogni evento come semplici testimoni e si ha una migliore visione d'insieme. In questo stato, un leader trova la sua pienezza.

Amma dice che "un leader autentico è un vero servitore della società". Tuttavia, nel mondo di oggi ognuno vuole essere il re. Quali sarebbero le condizioni di un villaggio o di un paese se tutti gli abitanti lottassero per diventare re? Regnerebbero solo il caos e una completa confusione. Questa è la nostra situazione. Tutti vogliono comandare e il risultato è che nessuno è più disposto a servire. Diventate un vero servitore della gente e sarete un vero leader".

Quando cogliamo l'essenza dell'altruismo, capiamo come si esprime in natura e lo integriamo nella nostra vita, proviamo un profondo senso di gratitudine. Tutto il resto scompare, diventiamo un'umile offerta e accettiamo con riconoscenza tutto quello che l'universo ci invia. È allora che le energie femminili e maschili si incontrano e si congiungono.

Il successo di Amma è il trionfo dell'energia femminile pura, in completa sintonia e perfetto accordo con la potente energia maschile. Amma esprime così questo concetto: "Il senso materno, in tutta la sua profondità, sta scomparendo rapidamente dalla faccia della terra. Non solo le donne, ma anche gli uomini devono coltivare le loro qualità femminili".

L'energia femminile ci permette di svolgere contemporaneamente compiti diversi. Osservate una madre: si prende cura del suo bambino, prepara la colazione, raccoglie la biancheria, risponde al telefono, cerca il telecomando lasciato chissà dove, lo trova e accende il televisore per il figlio maggiore, e tutto questo contemporaneamente. Sembra semplice, vero? Provateci e vedete cosa riuscite a fare.

È difficile dormire con un bambino, perché il bambino è pieno di energia. Voi siete stanchi e desiderate addormentarvi appena poggiate la testa sul cuscino, ma è proprio allora che il bambino vuole giocare, ascoltare una favola o guardare un cartone animato. E, se non è nessuna di queste cose, vorrà un po' d'acqua o dovrà andare in bagno. Una madre può gestire tutto questo, ha la pazienza necessaria, mentre per un uomo una tale situazione potrebbe rappresentare una vera e propria sfida.

L'energia femminile ha inoltre la flessibilità e la fluidità che mancano a quella maschile. Non voglio dire che gli uomini non abbiano questa fluidità, essa esiste anche in loro, ma allo stato latente. Noi uomini possiamo indubbiamente risvegliare e impiegare questa energia nelle nostre attività quotidiane. Per esempio, ci sono padri single che hanno incorporato l'energia femminile e riescono a crescere meravigliosamente i propri figli.

In Amma vedo la forza dell'energia femminile, amplificata e mescolata armoniosamente con quella maschile. Così, ogni volta che la vedo in azione, sento un'energia straordinaria emanare da questa figura dall'aspetto comune.

Amma dice che la purificazione della mente e la purificazione dell'amore avvengono contemporaneamente. In tal modo, si crea un flusso ascendente di energia che ci conduce verso il culmine dell'esistenza.

Gesù disse: "Guai a voi, stolti! Voi pulite la coppa esternamente senza mai curarvi di pulire l'interno. Non sapete che l'interno è più importante dell'esterno?"

Il corpo umano è un contenitore, una coppa che ogni giorno puliamo esternamente facendo la doccia. Ma quanti di noi puliscono anche l'interno, la mente, i pensieri e la nostra vita interiore? La Bhagavad Gita descrive questo concetto distinguendo tra il corpo (*kshetra*) e l'anima (*kshetragña*). Il corpo è il tempio e il Sé, l'anima, la divinità.

Ecco una bellissima citazione di Albert Einstein: "L'essere umano è una parte di quel tutto che chiamiamo universo, una parte limitata nello spazio e nel tempo. L'uomo sperimenta se stesso, i suoi pensieri e i suoi sentimenti come qualcosa di separato dal resto, una sorta di illusione ottica della propria coscienza. Questa illusione è una specie di prigione che ci rinchiude nei nostri desideri e nell'affetto che proviamo per chi ci è più vicino. Il nostro compito è uscire da questa prigione allargando il cerchio della nostra compassione, così da abbracciare ogni essere vivente e la natura nel suo insieme, in tutta la sua bellezza".

La grande maggioranza delle persone, invece, non si cura degli altri. Il numero degli individui che cercano soltanto il potere e il denaro sta aumentando. Lo sgretolamento dei valori aggrava ancora di più la situazione. Preda dell'avidità e tormentati da un senso di insicurezza, gli esseri umani vivono una vita infelice, consumati dal dolore.

Se vogliamo sopravvivere, dobbiamo cambiare. Se ci rifiutiamo, la natura ci costringerà a cambiare attraverso i disastri naturali.

Amma spiega: "Possiamo vivere in due modi: crescendo o diventando vecchi. Crescere è un viaggio verso la maturità, mentre invecchiare conduce alla paura e alla morte. Diventare vecchi è il destino di tutte le creature; gli unici a crescere sono coloro che hanno il coraggio di non fermarsi alla superficie delle esperienze della vita e accettano il cambiamento con mente aperta".

Come sottolineò George Bernard Shaw: "Il progresso è impossibile senza il cambiamento. Chi non è capace di trasformare la propria mente, non può cambiare nulla". In breve, una trasformazione realmente benefica avviene solo quando vi è un profondo cambiamento nella coscienza, che implica l'abbandono dei vecchi ricordi, delle abitudini, etc. Senza questo lavoro interiore, se non scacciamo le tenebre del passato, possiamo soltanto illuderci di essere cambiati.

In realtà, ci inganniamo. Indossiamo la maschera del passato e ci identifichiamo completamente con essa. Crediamo di essere questa maschera e rischiamo di indurre in errore anche gli altri. Le Scritture descrivono questa situazione come "il cieco che guida il cieco". Per essere franchi, andiamo verso un'oscurità ancora più fitta.

La nostra mente può cercare di convincerci che ci siamo liberati dalle tenebre del passato e che abbiamo fatto grandi progressi nel superare i nostri limiti. Alcuni fingono di essersi lasciati il passato alle spalle, altri, molto semplicemente, non sono coscienti di non essersene liberati. Quanto a quelli che hanno realmente trasceso i propri limiti e le proprie debolezze, saranno le loro azioni a dimostrarlo. Possiamo sperare di sopravvivere e prosperare solo se intraprendiamo il viaggio interiore che ci conduce dal passato al presente.

Malgrado le scure nubi delle tendenze negative siano sempre più dense, una valutazione imparziale mostrerà vividi segni di un risveglio, di un richiamo alla rinascita. Sono già in atto sforzi sinceri che conducono a una trasformazione interiore. Possiamo farcela. In realtà, soltanto noi siamo capaci di farlo. Dobbiamo ancora prendere coscienza del nostro infinito potere interiore.

Le avversità sono il terreno più fertile affinché il seme della nostra crescita interiore possa germogliare. È lottando e affrontando i pericoli con coraggio che un seme germoglia e diventa un grande albero, capace di donare ombra.

Ricordo queste parole di Amma: "Normalmente, per concimare le rose usiamo il letame e le foglie di tè. Da quel terreno maleodorante, per così dire sporco, spunterà la pianta delle rose, con i suoi fiori, belli e profumati. Anche se la pianta ha molte spine, il bocciolo cresce felice, incurante delle circostanze poco piacevoli, e la rosa offre a tutti la sua bellezza. In modo analogo, sebbene nel mondo tutto sembri andare nel verso sbagliato, possiamo e dobbiamo uscire da queste tenebre passeggere".

Tutto è in movimento, tutto cambia continuamente. C'è un reale desiderio di cambiamento, che non consiste tanto nel voler riparare un mondo a pezzi ma piuttosto nel rimettere i valori al primo posto. Alcune aziende che compaiono nella classifica "Fortune 500" stanno gradualmente introducendo la compassione nei loro piani aziendali, orientandosi verso una maggiore attenzione per gli altri e per la spiritualità. I componenti dei consigli di amministrazione che desiderano agire in modo socialmente più responsabile stanno seriamente mettendo in discussione le motivazioni quasi sempre egoistiche delle imprese e la loro insensibilità nei confronti delle persone e della natura.

Possano le nostre passioni e la compassione camminare mano nella mano. Possa il nostro modo di pensare trasformarsi attraverso l'introspezione e la meditazione. Possano tutte le emozioni che disperdono energia essere tramutate in amore, la forma più pura di energia.